我这浅显易懂的心
和那深沉如夜的爱

沈从文传

陈陶 著

江西人民出版社
Jiangxi People's Publishing House
全国百佳出版社

图书在版编目（CIP）数据

我这浅显易懂的心和那深沉如夜的爱：沈从文传 /

陈陶著. -- 南昌：江西人民出版社，2017.5

ISBN 978-7-210-07566-0

Ⅰ．①我… Ⅱ．①陈… Ⅲ．①沈从文（1902-1988）

—传记 Ⅳ．①K825.6

中国版本图书馆CIP数据核字(2017)第046495号

我这浅显易懂的心和那深沉如夜的爱：沈从文传

陈陶 / 著

责任编辑 / 王华　钱浩

出版发行 / 江西人民出版社

印刷 / 北京欣睿虹彩印刷有限公司

版次 / 2017年5月第1版

2017年5月第1次印刷

880毫米×1280毫米　1/32　8印张

字数 / 180千字

ISBN 978-7-210-07566-0

定价 / 36.00元

赣版权登字-01-2017-176

如有质量问题，请寄回印厂调换。联系电话：010-61529480

序言

"我行过很多地方的桥，看过许多次数的云，喝过许多种类的酒，却只爱过一个正当最好年龄的人。"时至今日，这首被无数善男信女崇慕的诗歌，每每读来，依然能品咂出一种像烈酒下肚般，灼热滚烫的爱的温度。

生活般的景象，一份爱意的流露，想必写这首诗的人，定是个在尘缘里不会说谎的痴汉。

这位痴汉，便是一代大师沈从文。

写下这首诗歌时，沈从文正从一名落魄考生，被破格提升为上海公学教员。

这个新教员被课堂下一只端庄而俊秀的黑凤惊扰得目眩神迷，干涩的言语不能倾尽夜夜相思，于是便给张兆和写下了这首饱含深情的诗。

这个沉闷的书呆子，心中的爱被点燃，已然成为那个时代自由恋爱的代言人。

沈从文的人生，与那些处于风口浪尖的传奇人物相比，少了些传奇色彩，却独有一份岁月洗练后的敦厚与质感。对于大多数人来说，最为津津乐道的便是他与张兆和的恋情。

在当时封闭的社会情境下，作为一个受五四影响的新青年，他高举自由恋爱的新旗帜，以笔作为爱情的桥梁，在文字里孤单地叙述着对张兆和从相见到倾心的柔情，义无反顾而楚楚动人。

终于在等待了四年之后，他怀着对爱情况味里最后的憧憬，从青岛大学一路颠簸，几经周转到了张兆和的苏州家里。

他渴求一个答案，最终功德圆满。

沈从文作为 30 年代文坛的领袖人物之一，在愚蠢残忍的世界里，他看透了从上层到被踩躏者腐烂的灵魂。

爱情让他的文字变得坚定自省，对旧世界的深恶痛绝，让他对这个面临变革的社会进行了深切剖析。他渐渐对自己的人生有了种种皈依与探索的能力。

受到新思潮熏陶与启发的沈从文，急需吐纳自己的心声，他一头扎进"窄而霉小斋"，用一支笔倾诉着一个清醒灵魂的热忱和正义。

一份执着与倔强的坚持，换来了丰硕的成果，从处女作《一封未曾付邮的信》开始，一直到《边城》的问世，意味着一代文学大师建造的文学世界的整体构架基本完成了。

想要叩开沈从文笔下湘西世界的大门，《边城》无疑是一把最精准的钥匙。

作为文艺界的一面旗帜，他不仅仅在文坛独树一帜，而且始终引领着一代年轻人进步的思潮，鼓励他们对人生做一番深入独到的认识和体验，教导年青一代大胆发出自己的声音。

在曲折反复的历史长河里，走完了熠熠生辉的一生，他的文学精神以及思想中闪光的智慧，还在一直流传，并将成为一种不朽的力量，燃烧在通往真理的路上。

目 录
Contents

后记

第一章
冲破宿命·将军世家的文艺之子

1. 古镇里的名门世家

　　历史的笔墨挥写在时空里，总是跌宕起伏。过往像极了大电影，是一串串精彩的故事，也是不可复制的传奇。生生世世印在人们的记忆里，或是给平凡的生活增添色彩，或是让自己在匆匆行走之余多一片思索。

　　遇见即是缘分，开卷皆有收获。所以，当你的目光落于此处，请随同我这文字匠人，打开时间的闸门，跟着大师的背影，去探访一段民国传奇。

　　故事的开篇，美丽而诗意，只因为那座灵秀的古城——凤凰。

　　它位于四川、湖南、贵州三省接壤的湘西境内，俗名镇筸。小城四周皆山，峰峦叠嶂，山上古木耸立，其间为各类鸟兽栖身之所。盛传山上有一只九头鸟，姿态优美，气度不凡，尤唱歌婉转，为人所动，小城遂被赋予凤凰之名。

　　沱江的水，带着历史里沧桑与哀愁的故事滚滚东流，经凤凰一路向北，倾泻而去，再往东北，汇入著名的武水。在沱江之上有一座大桥，两侧层叠着古色古韵的民居，小镇的石板路在一代又一代的匆忙脚印里，逐渐斑驳。

　　如画的风景孕育着独特的人文，小城最著名的是各个庙宇，庙会最热闹处，不知道受到多少善男信女的追捧，香火自然连续不断。而文化胜景，自然而然地吸引着人群，凤凰城里的常态是车水马龙，熙熙攘攘，就连平日里庙宇高悬的铎铃丁当的响声，也会被淹没在人声鼎沸里。这幅浮世图里的人间烟火，为故事渲染了一个美丽的背景。

自古灵秀圣地总是名人辈出，凤凰的沈家便是这其中之一。在《清史稿》记载中，除了从湘西乡勇组成的筸军中走出来的田兴恕，官拜贵州提督，封为钦差大臣之外，最有名的便是沈从文之祖父沈宏富，这位沈家的先祖，英武神勇。从小小兵卒，一路攀升，成为湘军最高级将领。

只是，命运弄人，繁华早早地歇了声，沈宏富因病早逝，只留下一份名利富贵。生老病死本是人生常态，可他所留下的一切，却无人传承，只因沈宏富没有子嗣。

一般遇见这种情况，照例要从近亲中过继一人给他为子，这个使命便由沈宏富的二弟受领。谁知，二弟在乡下之妻碰巧也没有生养，在紧要关头，沈宏富之妻做主给二弟在苗家寻了一女子，先后生下两个儿子，遂将老二沈宗嗣过继给沈宏富。这沈宗嗣便是沈从文的父亲。

沈宏富为后代留下了一个精神榜样，一个关于荣耀与富贵的将军梦。他的后代也的确承袭了他的瞩望。

在沈宗嗣很小的时候，沈老夫人便如数家珍地给他讲述了沈宏富的丰功伟绩。沈宗嗣追慕父亲生前死后的荣光，从小便梦想做一个威武的将军。他从小聪慧，习得一身好武艺，他体魄强健，性格豪放，已具备一个将军的素质。

1892 年，他娶了当地贡生黄河清之女黄英为妻。黄英出生书香门第，读书颇多，还精于医学，而且年纪小时，便随年长的哥哥在军营里见过不少新鲜事，也同哥哥一样开明上进。

彼时正值世纪末端，新旧文化碰撞，许多新青年受了新思想的启蒙，开始接受西方的新思想、新文化。黄英的哥哥当时就是一个新锐人物，是第一个在凤凰开设邮政局和照相馆的人。作为崇拜哥哥的小妹妹，黄英也在这其间受到新思想的熏陶，成了凤凰第一个会照相的女孩子。而她的这种秉性，也传承给了自己的孩子。她的长子沈岳霖，便是凤凰第一个穿西服的，被本地人称作"土洋人"。

在黄英生下一儿一女后，沈老夫人就力主儿子沈宗嗣加入了清廷军队，在天津驻守大沽炮台。但多年打拼，沈宗嗣仍然只是驻守大沽炮台的提督罗荣光身边的一员裨将。

他无数次暗暗地期待命运的转机，然而，前方等待他的命运，究竟会怎样？时间，终究给了他一个答案，一个残酷的答案。

1900 年，轰轰烈烈的义和团反帝运动兴起，八国联军趁机大举进攻中国，炮轰了大沽炮台。在敌人猛烈的攻势下，6 月 21 日大沽口失守，守城的将领罗荣光自尽殉职。沈宗嗣趁乱在敌军中逃出，他虽然保全了性命，但是他的将军梦却就此破碎。他满怀悲愤地回了故乡，正是因为这一次的返乡，才有了后来沈从文的诞生。

动荡的时代，有着战争的残酷，也有着寻常人家的悲喜。在一片喧嚣声中，沈从文降生在了沈家宁静的庭院。只是，欢喜还未延续多久，沈从文的祖母就在他出生四个月后去世了。

还好，此后家里在那个动荡不安的岁月里都过得还算安稳，十余年未有亲人离去。

沈从文 4 岁时，母亲便教他识字。极聪慧的沈从文总是在得到外祖母手里的糖后，才会安安分分给母亲一个满意的答案。最初的启蒙教育几乎都是由母亲教授，待年岁稍大一点，沈从文便随两个姐姐一同到一个本家女老师那里读书，只是由于年龄较小，玩的时候居多。

在沈从文六岁时，他和弟弟同时出疹子，两人浑身高烧不退，像两只火炉子，加上喉咙里似有个怪物，夜夜不停息像要咳破冲出来一般，揪得心脏喘不过气来。当时又是六月，大人不得抱，一抱便更觉难受。

家里经过商量，决定用竹簟将两人卷起，竖立在屋里阴凉处。在当时医疗不发达的湘西，还没有更可靠的药物来抵抗这类疾病，被这类疾病夺去生命的小孩极为普遍。对于当时的沈从文来说，这是一场大劫难，家里人已含泪默默在院落里准备了两口小棺材。

经过和死神的一番搏斗，兄弟二人在黑暗的深渊里最终闯出一条生路，在大人心里煎熬着，就要处于绝望境地时，兄弟二人高烧慢慢退去，身体慢慢好转起来。

后来，小弟被请来的一位高大健硕的苗族妇人悉心照料，长得高大结实，而沈从文经这场病变后消瘦得只剩筋骨，再也没有复原。

这次生病也算沈从文人生的一次磨难，算是为他此后人生道路上的起起伏伏，埋下了一份毅力和勇气。

后来的故事，究竟如何？故事刚刚起笔，这笔墨滚动起历史的卷轴，用时光织就一个真实的答案。

2. 军人世家的率真孩童

时光斑驳，游走着少年自由闲散的倒影，少年不知愁滋味，青山绿水、白堤绿柳是诗人的天堂，也培养出孩童天真烂漫的性情。翻回过去的旧书页，密密麻麻不知所云的文字，被少年一笔一划绘出的田野市集所遮盖。不需多么繁华和别具一格，在孩童眼中，什么新鲜事物都看不够，比起一板一眼的老夫子，大抵什么都是想要剖开来探寻一番的。

故事的开始就不寻常，六岁孩童心中的一方净土，不是谁都看得到，也不曾有人想过这个六岁孩童将来会成长得如此出色。那时的沈从文虽然还只是被父母寄予厚望的沈岳焕，但他已经有很多不同寻常的想法开始滋生了。

六岁，沈从文正式进入私塾读书，这间私塾是在衙门有差事的一位杨姓夫子开设的，学堂就设在衙门附近。杨夫子与沈家有亲戚关系，按辈分沈从文应唤杨夫子为姨爹。私塾重在启蒙和识字，在沈从文进入私塾后，每天便开始了读生书、认生字、写生字、背生书的生活，周而复始。学习内容包括《幼学琼林》《孟子》《论语》《诗经》。

夫子只教学生认字、背书，也不在意学生是否一知半解。写错或背错就要到夫子面前的长凳上趴着被打屁股。沈从文因为天资聪慧，小时候又多跟着姐姐听了些课，挨打的次数比别的同学少了许多。但是每天听着夫子云里雾里地念来念去，沈从文那颗充满想象的童心开始按耐不住了。

尤其听同学在先生面前编扯着没能来学堂的谎话，私下又跟自己讲逃学在外经历的有趣的事情。这让沈从文也有了逃学出去玩耍的想法。沈从文那颗好动的心自然而然地被同学绘声绘色的描述吸引了，虽然大家谈论的不过是些寻常事，但就连在集市上胡乱闲逛，被讲出来也觉得十分有意思。

繁文缛节自然禁锢不了沈从文内心的声音，沈从文开始蠢蠢欲动。不久后，沈从文开始了第一次逃学。他像撒欢的马儿，自由地在草原上驰骋了一天，回到学堂后便收敛了那份欣喜，装作若无其事的样子。夫子问起便说："昨天家里请客吃饭。"那时候家里请客是可以不去学堂的。

时间久了，沈从文逃学的事情还是露出了马脚。学堂夫子和家里两边都责罚了沈从文，沈从文的父亲更是信誓旦旦地说要剁了他的手指。小孩子听到自是被吓怕了，但最终父亲也只是让他罚跪。

父亲的责罚让沈从文心有余悸，但没过多久就抛之脑后了。逃课依旧是家常便饭，一年后，父亲为沈从文换了一家私塾。

换了私塾后，沈从文更是如鱼得水。因为新的私塾离家较远，在路上沈从文可以尽情地闲逛，还可以看到许多新鲜玩意，迟到也不怕没有理由来搪塞。沈从文天生聪慧，让他很好地感受到课本也就是小书的教育，同时，好玩的天性又让沈从文接触到生命这本大书。就这样沈从文开始受到生命的感化启蒙。

从沈从文家到新的私塾要路过一条市集，热闹非凡的市集调动着沈从文的好奇和想象，比起那些他已经得心应手写在纸上的字，还有信手拈来的课文，这些可有意思多了。

针铺前，白发老妪戴着一副老花镜，摇摇晃晃地磨着针，好似真的铁杵磨成了针。小贩们此起彼伏的吆喝声夹杂着几句争吵，还有路边讨饭的叫花子也都别具一番风味。面馆师傅精湛的拉面技艺和咔咔的切面声，都是沈从文想要一探究竟的，一切都像是崭新的世界，太多事物占据在沈从文脑中，只是远远看着就有意思极了，像干涸的井一下被注入新的水流一样，沈从文找到了自己欢快的小天地。

苗族壮汉一下下有力地踩着布，沈从文就在一旁呆呆地看着，一看可以看一个钟头。对于染布，沈从文是看不腻的，总觉得都是新鲜花样。搭着用来晾晒布匹的架子，盖上一层层染过的布后，五颜六色的随风飘起，在风的奏曲下，俨然成了一道亮丽的风景线。又像是在捉迷藏一般，从一处跑到另一处，风掀起布匹，一会儿这样，一会儿那样。

斗蛐蛐也是沈从文的一大乐趣，每每离开时，还约定第二天照旧来。光影映射在那时欢快的笑脸上不舍得离开，时光走得再快，也带不走流年间的老街小巷市集留下的印记。缓慢的脚步带着清新的味道，旧时的记忆融合在心间，一颦一笑挂在脸庞，成了永恒美好的梦境。这些如同清晨的露，太阳未升起前，晶莹剔透闪着光，最美的纯真，便是这段岁月里不能忘却的美丽。

对小孩子而言，只要是新奇的，似乎就能拨动心中那根琴弦，奏出动听的交响曲。刑场也是沈从文会经过的地方，犯人行刑后的尸体总会被野狗撕裂分食。小时候的年纪还不懂得血腥，扔石头吓走野狗也是沈从文的乐趣之一。野狗被石头惊吓后匆忙撤去，而后又不甘心地再次围上来，这一幕总能逗笑沈从文。童真如这般，恐怕是把这当作一场大戏来看，只有顽皮，意识不到死亡背后的悲凉。生死原本是简单的事情，抹上了太多色彩，就显得纷繁复杂了。关于死亡，在很久之后，沈从文才逐渐有了新的体会。

凤凰城位于湘西地区，这里民风剽悍，孩子自然也野一些。看犯人行刑和尸体不是什么新鲜事。百姓在街上用扁担、单刀打架都是常有的事，就算自家孩子在旁边看热闹，父母也不曾管教，顶多骂一句离远一点。即使是小孩，行走在街上，也难免会遇到一些不可知的"意外"。可能不知道会从哪儿窜出一条狗扑倒你，也可能猛不丁地会有同样的野孩子当众挑衅，所以大点的孩子出门至少会带削尖的竹片防身。

当有人当众跟你挑衅时，不应战也会被别人看不起，打完后无论结果如何，不过是被别人打一顿或打别人一顿，然后就此作罢，此后双方都不会追究，算是堂堂正正的比试。年龄尚小的沈从文也经常会遇到这些，他向来是不怕的，这要感谢沈从文有将军梦的父亲带给他的勇气。

年少正是血气方刚的时候，沈从文也会挑一些差不多的人来比试一番，凭着敏捷的身姿和机灵的脑袋，倒也从来没有输过。不过倒是被一只野狗扑倒过，但这也没能使沈从文的性情有所收敛。这段纯真的记忆缠绕在沈从文心间，记忆的浮尘已经遮却了不少印象不那么深刻的事情，记得的是逃学与嬉闹交织在一起不停回放的画面，不真切却难忘。

年少时的不知事在荏苒岁月中留下不守规矩的脚印，成了日后怀念旧时光时暖心的回忆。拉扯着一点点的过去，才知道这时心中已经装进了一本大书。

四月的天充满着生命力，是万物生长的好时候，所有的一切在阳光之下都显得更加欣欣向荣。这样的日子也是沈从文在学校最坐不住的时候，只要下点小雨，山地的田间便有此起彼伏的蟋蟀叫声。沈从文本来便极喜下雨天，打着不弄脏鞋子的名号，下雨天赤脚走在街上也是一件淘气事。在蟋蟀出没频繁的月份，沈从文自然不得闲。偷跑上山抓蟋蟀，成了这段时间最大的乐趣。

沈从文放学后便直接憋着一口气跑到山地，有时候甚至直接逃学跑去捉蟋蟀。听着窸窸窣窣的声音，悄无声息地靠近这小家伙，猛地一把抓在手中来个措手不及。抓到一只后便用另一只手去抓，等到两只手都抓到了还不舍得离去，往往还要晃上一圈，遇见比自己手中的蟋蟀大一些的，便又放了手中的去抓新发现的。

抓了蟋蟀自然是有去处的，在沈从文的记忆中，那是一个刻花板的老木匠。沈从文捉了蟋蟀后总是兴冲冲地跑过去，跟老木匠说："今天又捉到大王了。"老木匠也有意思，总是故作镇定地和沈从文打赌。有一次沈从文输了后帮老木匠磨刀，最后却弄坏了凿子。

后来，两人便换了方式。沈从文想方设法从老木匠那儿借来一只泥罐斗蟋蟀，作为交换条件，沈从文要把输的那只给老木匠。沈从文总是玩得不亦乐乎，不过到最后，剩下的那只也被老木匠赢了去。老木匠总是安慰着沈从文说明天再来。沈从文也不曾因为输了而恼火，大多数时候都是微笑着走出大门，拖着粘上泥土的鞋子空着手回家。年少时的欢乐便像手边的纸团，总能信手拈来，不烦不弃。一方泥土便嬉戏了整个世界，铸成心中欢乐的堡垒。

带着一身泥回家，总是要受罚的。沈从文逃学和迟到，让家人无可奈何，每次都是罚跪数个钟头。这反而让沈从文更加肆无忌惮。在沈从文看来，这种惩罚并不算什么，一边罚跪，一边想象着他没有看到过的那些场景，都能让他开心。田间的嫩芽、飞舞的蝴蝶、树上的青虫、山间的溪流，还有听到并未见过的一切，都在他心中开始萌芽。

父母的责罚给了沈从文想象徜徉的空间，就像他所说的一样，读书认字并不是什么难事，写着那些已经会的字，或者轻易可以学会的东西并没有什么意思。因为学习还不错，对于他顽劣的行径学校也没有严格管理，这让沈从文更加看不起学校。比起学校这本小书，形形色色的景色编织成的大书才是沈从文最重要的心灵启蒙。

生命的长河源远流长，曾几何时我们也如此顽劣，惊鸿一瞥的岁月远不及且歌且行的优哉游哉。回忆里的老照片泛着黄，可永远是最值得怀念和留恋的。不知在哪里，突然转身一眼便看到了最美的光阴。什么都不懂的年纪感悟到的才是最纯真的，小书教会沈从文去看，大书带沈从文去看，一本小书和一本大书启蒙了幼时的沈从文，也造就了沈从文日后那份不安分的性情。

未来是怎样，没有人可以诉说。路途中留下的痕迹是最美的歌谣，欢快的旋律回旋在红霞的梦里，年少的人渐渐入眠。

3. 从未见识过的场景

在冬夜弥漫的寂寞和呼啸的寒风中，一粒种子费尽心力漂泊向远方还未被冰雪覆盖的土壤，向往着暖阳，最后春风袭过，温暖了整个地方。

看不清的路途总会有星星点点的光亮，也会有阴云密布的时候。不久后，沈从文的家乡迎来了辛亥革命。这场历史性的革命在当时却说不清好坏，但带来了无数杀戮。

事情在沈家的开端，在还不完全懂得世事的沈从文的记忆中是表哥一次慌乱匆忙的到来。沈从文的这位表哥住在乡下，和苗族人很熟络，每每有什么事涉及到苗族人，便派他前去调解。表哥常常从乡下来沈从文家中，和沈从文也十分要好，沈从文总是缠着表哥下次来时带新鲜玩意给他，并且约定下次见面时间。

可是，这次表哥的到来显得十分紧急，并没有理会兴高采烈问东问西的沈从文，而是直奔沈从文父亲的书房。沈从文听到了许多他们之间的对话，却不知道他们究竟在说什么。只是看见表哥每天出去四处买白带子，还托四叔帮忙买，堆在家里两大担子还不够。沈从文只当他们要做什么生意。

又过了些时日，沈从文的哥哥姐姐还有弟弟都跟着一个苗族妇人被送到乡下避难。走的时候表哥和随行的人挑走了两担白带子。虽然新奇，但对沈从文而言，眼前的一切都不及表哥答应给他带大花公鸡来得兴奋。沈从文再三嘱咐着表哥下次来千万别忘了他的那只大花公鸡，表哥也答应着若是不带大花公鸡，一定带更好的东西来。沈从文不知道当时的形势，只是感觉到有热闹事要发生了，还一心惦记着寻乐子。

离愁和逃难这两个词，对于一个孩子真的只是两个摆在书本里知道发音的词语，沈从文感觉不到即将到来的一切动荡。父亲问沈从文想跟着哥哥姐姐去乡下还是留在城中和自己在一起，沈从文反问到哪里更热闹。父亲便只好无奈又直接地说自己知道他的想法，爱看热闹就留在城中好了。

夜灯映照出朦胧的光，屋里传来阵阵声响。这样的日子持续了一段时间，沈从文也就这样看着父亲和四叔每晚磨枪杆，好奇地左思右想。

记忆最为清晰的一天，四叔来来回回跑了有九趟。匆忙的步伐来去不留一点儿空隙，沈从文忍不住问四叔是要打仗么，四叔也只是冷冷地恐吓沈从文快去睡觉，省得被猫儿抓了去。沈从文也只好不再问什么，静静地在院子里看着天。

寂静的夜晚，月光洒下，院中的疏影带着沉睡的意味。不知愁的孩童就这样静静地靠在母亲腿上睡着了。沈从文的梦乡没有遭受到任何打扰，嘴边甚至挂着一弯笑。只是，这个记忆深处最为清晰的夜晚注定不太平。天边渐渐泛起了白光，夜色褪去，嘈杂的声音也消失不见，好像什么都没有发生一样，但是显然一切都不一样了。

清晨，沈从文醒来走进父亲书房，只见父亲一人在屋中，不见其他叔叔们的踪影。屋子里的人脸也十分煞白，像经历了什么苦难一样。沈从文说自己昨晚什么动静都没有听到，刚说完突然又想到磨枪打仗的事情，便询问父亲。

父亲急忙叫沈从文莫乱说，沈从文刚隐约知道发生了什么事情便看见一个叔父回来了。只见叔父行色匆匆，脸也十分苍白，吞吞吐吐地说着，有点结巴。情况有些糟糕，昨夜的行动失败，革命势头暂时不好。遍地猩红，血色残阳一点也不凄美，有的只是残酷的现状和无辜的躯体。

城外，堆积着数不清的尸体。血，开不出鲜花的仪态，有的只是毫无规律的片片暗红，许多人身上结了痂，有的甚至混上了不少尘土，感觉脏兮兮的。遍地尸体就这样冰冷地躺在毫无生气的地面上，看了只想作呕。说不上悲壮，也没有特别的理由，一具具尸体只是无辜受害的民众。这一切激起了人性最深处的怜悯与悲愤，还有深深的无奈。

风暗自吹过，带一缕青烟前来，似是祭奠。飘着的青烟，远处是浓烟淡去身影。那是被烧房屋遗留下的不深不浅的痕迹，也只是淡淡留存瞬间的片刻尘埃。到不了远方就会被吹得一干二净，没有人知道它原来是一座房屋，或许曾经里面还充满了欢笑。

这一夜，烧毁了七间房屋。衙门拖回了四百多具尸体，鲜血在肆无忌惮地横流。

沈从文听着叔父与父亲的对话，十分兴奋。这让沈从文记起了小时候听父亲讲过的关于长毛的故事。想到现在的情景和杀长毛的故事差不多，虽然也有些许害怕，但这点害怕倒也更加激发了小孩子心中的好奇。此时，沈从文脑海里充满了那些令人热血沸腾的打斗场景。有将军梦的后人自然也有自己的英雄梦，心中的热血装满了少年的向往。

怀着激动兴奋的心情，沈从文洗完脸后出去观望。天色灰蒙蒙的，有些许阴雨，像蒙了一层淡淡的纱。这一切似乎都象征着现在革命的进展和大家的心情。沈从文沉浸在热血沸腾的世界，并没有体会到这些。

沈从文在自传中用像过年一样来形容空无一人的街道，平常充斥着小贩叫卖的街道悄然无声。

之前提过的沈从文的那个表哥昨晚也一同参加了活动，据叔父说那些衙门带回的人头并没有他的。现在衙门聚集了很多人，店铺也收到命令可以开门了。沈从文终于可以如愿和父亲一同前往衙门，去看自己心心念念从来没有摸过的人头了。少年心中那份好奇的劲头已经超越了其他事情，死亡对于幼时的沈从文是遥远的事情，怎么也想不来的场景必定是要亲手触碰一番的。沈从文带着一颗热切的心去看这一幕幕从未见识过的场景。

衙门门口堆积了数不清的人头，血流在地上，有一些脏污的感觉。云梯上也挂着人头，还有成串的耳朵。也许是年龄太小，也许是骨子里有一份英勇。沈从文并没有感觉害怕，也没有哭喊。只是好奇为什么会有这么多人的头被割下来，不明白他们究竟犯了什么错。尤其是成串的耳朵，怕是一生也难得一见这样的古怪东西。沈从文只当他们当真犯了错才落得如此下场。

看到这些戏台子上才能看到的东西，才知道戏台子上的朱红和人头只是道具。现实中的血腥带着更多的无奈与辛酸，只有身临其境，才能真正感觉到。在一群人头中寻找有没有自己家人的，是多么迫切与痛苦。父亲给沈从文的答案也只是"造反杀了败仗"这几个字，得到的答案让他产生了疑惑。在那种情况下，大人给不了一个正在成长的孩子完整的答案。世事沧桑，有多少人情世故、古今听闻说得清楚呢？

革命暂时是失败了，城中乡绅早已知道了革命之事，本打算约好一起攻城。可惜临时军队没有谈妥，最终酿出了大祸。就这样，无休止的杀戮开始了，城防部队布置好一切后就开始到处抓人，告诫着其他民众，像是被惹怒的野兽开始示威。血流成河也不过如此，面对警示，更多的是无辜人士的惶恐，这样也激发了更多人心中的反抗意识。

每天抓来的人询问一两句后，便被拉到北门杀头，因为革命人士当初从北门闯入，所以杀戮也在北门进行。每天至少会杀一百人，执刑者大约有二三十人。看热闹的又有几十人。通常被抓的都是乡下苗族人，很多都是完全不知道怎么回事就被抓了过来，看到要杀头才惊慌失措地跪地求饶，或者拔腿就跑。这样的往往最先被刽子手杀头，追赶中一刀下去，血洒当场，惨叫声揪心。但若是聪明点，最后混进看热闹的人群中就可以躲过一劫，因为砍头的人实在是太多了。

小孩子总是能看得到新的乐趣，即使在这样滥杀无辜的日子中，孩子们依然玩得很开心。北门河滩成了他们新游戏的地方，追逐嬉戏数人头都是这场失败的革命带给孩子们的乐趣。沈从文自然也在其中，看着这些无辜的人被杀害，和伙伴们一起数着人头数。这么近距离地感受着这些，即使嬉戏，也不会完全无动于衷。笑容绽放在他们脸上，奔跑是独属于他们的欢乐。不过种子早已在心中埋下，只等有一天春风袭来，带来无尽感思。

这样大规模的杀戮每天都在进行，停留在河滩的尸体日渐增多。终于有人意识到这样杀人不合适。于是，本地乡绅经过集体沟通后，决定将抓来的人杀一部分放一部分。决定杀还是放的方法也简单至极，靠在天王庙前掷竹筊来决定。这种迷信的手法无人反抗，掷完后可以活命的走向一边，要杀头的则走向另一边。

掷完竹筊之后，有些人害怕得不敢睁开眼睛，那份紧张包含着对生命的希望。有的人要被杀掉，眼中流露出的一番绝望简直不忍目视，他们还在想念着家人，可是不得不面对被杀的命运。生与死大概就是这个时候开始在沈从文心中留下丝丝痕迹，虽然依旧懵懂，到很久以后才开始意识到这些杀戮背后的残忍，但那一幕幕血腥的场景在脑海中挥之不去。那份难过的感觉在心中一闪而过，似乎没有捕捉到，却又留下了一些不可磨灭的迹象。

沈从文在河滩、天王庙还有衙门之间奔走，最让他难以忘怀的就是在刚刚懂事的时候看到的这些"热闹"。这场持续了一段时间的无辜杀戮，除了带给沈从文新的游戏和新鲜之外，更多的则是记忆深处无法抹去的那些无辜民众对神灵哀怨的眼神。这些终究留下了许多感触在沈从文的心中。未来有一天突然翻开来看，一切都会变得不同。

次年三月，革命在当地取得成功，事情开始好转。遗留下的那些沉痛的记忆成为了历史，革命的冬天终于在春风吹拂下开始解冻。数不清的鲜血浇灌出了一簇簇花儿，点缀着革命的春天。一场轰轰荡荡的革命带来了一个全新的时代，牺牲在革命中的无辜百姓成了革命的冤魂，也许还在抱怨着神灵。但现在，一切都不同了。过去的鲜血汇成一片，浇灌出了胜利的麦田，到了收获的季节，开始生根发芽，长出一串串饱满的颗粒，金黄的田野褪去了漫天的红色，散发着独有的胜利气息。

遍地花开，春风拂过，埋在心底的种子也许就快要发芽了。正是大好的年纪，遭受到这样革命的洗礼，人们内心深处有些东西早已有了改变。欢快的点滴带走了悲伤的过往，春天的种子也抹去了丝丝血迹。凤凰，这座古城飘扬着写着"汉"的白旗，迎来了属于自己的初春。希望终于重新点燃了，生命再次变得美好，顶着阳光，踏着春泥，哼着小曲。感受着革命浪潮过后的新生，向往未来更加灿烂的晴空。

4. 新思潮的风带来了萌芽

暖风吹过，融化了冰雪，雪水流淌进土地，春泥透出阵阵芬芳。三月的春风开始带着种子四处飘荡，像是注定般的，婴儿总归要回归最初母亲的怀抱，命运就是这样冥冥之中指引着方向。

春天到来的好处就是一切都变得十分不同，焕然一新。革命后，沈从文的父亲变成了当地要人，身份比起以前又上升了一个台阶。当众演讲自然少不了，当然也不止于此。那段时间，沈从文家总是有许多人前来吃饭，大多是军队的人。

总之，沈家是热闹了好一阵，沈从文穿梭在院中，看着来来去去的人，还发现了那未死去的表哥。哥哥姐姐弟弟也都从乡下接了回来。沈从文虽不太清楚究竟是怎么一回事，记忆中也还留着那时的一些片段。这种热闹的景象对沈从文而言自然是稀奇的，人来人往，沈从文也只是这样看着。

不久后，沈从文父亲前往竞选长沙大会代表失败，一气之下去了北京。从此，沈从文直到十二年后路过辰州时才见了父亲一面，那之后便再没有机会见到了。

离别后的再见在动乱的年代是最奢侈的重逢。

从父亲离开家后，沈家便逐渐开始没落。当时由于害怕动乱便把一些"宝贝"随身携带，后来父亲的离开导致这些贵重物品遗失不少。父亲去北京后组织参与了一个叫做"铁血团"的刺杀袁世凯的组织。刺杀任务失败后，幸好有朋友及时通知才得以逃脱。

从此，沈从文的父亲踏上了逃亡之路，数年未归家。

父亲不在家，哥哥出门北上寻找父亲的时候，沈从文也无人管教。这时正好是民国五年，因为受前一年12月云南组织护国军讨伐袁世凯事件影响，凤凰决定改革军队，开始建起了军事学校，一共建立了四个。当地人们都觉得上军事学校的孩子会很有出息，一位陈姓教官便在大家的建议下成立了预备兵技术班，在茶余饭后教当地孩子一些军事技术。

自古男儿当自强，马蹄下的战歌铿锵有力，将军背后的荣光备受敬仰。无畏生死，奋勇杀敌和血洒疆场是心中不变的信仰。梦里朦胧的身躯是少年最深处渴望高歌的英雄。沈从文心中也隐约藏着这样一番铁血丹心的梦，想要与祖父一般驰骋疆场，成为一名名副其实的将军，真正可以实现内心那个热血沸腾的梦。

也许是因为当地民风剽悍，也重视习武，所以预备兵技术班十分受欢迎，开张不过半月，便有百余人报名。沈从文看着在技术班的孩子总显得比其他孩子要精神许多，便去询问他们。沈从文有同学在里面学习，告诉沈从文技术班每两个月招一次人，如果愿意吃一份口粮当守兵、战兵的话，就可以补上名额当兵。沈从文当时觉得当兵是很好的选择，因为皇帝已经不复存在，状元自然也没有可能，但是兵荒马乱的时候是可以做得了将军的，心中那个梦在一步步将他向前推。

于是，沈从文询问了母亲的意思，母亲也同意了。沈从文性子十分野，每天总是要乱跑出去玩，喜欢爬树，也经常摔跤，可也没能改得了他那好动活泼的本性。母亲正拿沈从文没有办法，想想预备兵技术班正好可以收敛一下沈从文的性子。沈从文就这样进入技术班学习。

　　预备兵技术班的确让沈从文的性子得到了极大的改变，这和陈教官有极大的关系。用沈从文的话来说，这位陈教官在自己心中有很大的威信，做事非常认真，仪态也很威严。看到这般严厉又有本事的人，心中自然钦佩不已。当时沈从文应该是将这位陈教官当作心中的榜样和新一代英雄了，像内心深处看到了真实存在的神灵，自然是听话用心至极。

　　沈从文想不出塞北的景象是否像诗人笔下那样壮阔，只是沉浸在梦一般的凤凰古镇每天操练。陈教官使用的是新式教学法，但是十分严厉、枯燥。每个动作都要做得十分标准，稍有不对，教官就会一拳打过去，毫不留情。对于一群十来岁的孩子来说是严厉了些。

　　训练的温度带动了心中的渴望，对一个遥远的梦的渴望。自然也少不了没有整理好仪态被教官打巴掌的人，学生对这般严厉而有威望的人自然有敬畏之情。不管地面有水还是有泥，教官一声令下，每个人都会迅速趴下。因为采取的是新式训练法，大部分时间都是站立或者跑步，一次就要一个小时。时不时还要听很多陌生名词和高深的道理，练习正步、起步也是少不了的。除此之外，还要自己学习射击、筑城学等课目。

　　挥洒的汗水滴在衣襟，渗入棉麻的布子，也将这段记忆和努力融入生命。齐步、正步交替，行走着的步伐和时间一起溜走。沈从文脑海中还记得陈教官在天桥上竖蜻蜓，在单杠上转四十多回都毫不费力。虽然对陈教官尊敬和钦佩是肯定的，但是沈从文从心里更加喜欢另一个班的旧式教学方法。比起陈教官严苛的教学，另一位同样教孩子的滕师傅就显得宽厚多了。如果学生的动作不合要领或者出错，滕师傅会亲自示范，就算是做了错事，受到的惩罚大多也都是有趣的惩罚。这些都是陈教官班里同学所羡慕的。

不过，沈从文却是不允许和滕师傅有过多接触的，在滕师傅班的学生大多出身贫寒。滕师傅是个粗人，目不识丁，喜欢和小孩子玩，但总会教一些不三不四的东西给孩子们。他会教孩子们掷骰子和赌博，在教孩子们打拳的同时也鼓励他们打架。这些自然是家长不希望看到的。不过沈从文还是从滕师傅那儿学来了许多危险时救人与自救的知识，这些知识在日后倒也帮过沈从文。

时间有时间的脚步，每一次苦难都有日后所对应的际遇。六岁时的那场病之后，沈从文的身子一直很弱。经过技术班的训练后，沈从文的身体壮实了许多。训练除了带给沈从文身体状况的好转，更多的是心灵的改变。军事训练让沈从文骨子里有了军人的那份英气，也铸成了沈从文坚持不懈的品格。这使得他在以后的日子中，无论事情最后成败如何，都可以一直坚持下去。

奇异的梦境让沈从文困在其中，哒哒的马蹄声响在耳边，一声又一声。似乎看到了扬起的沙子，又狠狠地被打到了地上。向前冲突破前面的防线成了此时心中唯一在想的事情，恍惚间这梦似乎成了真，沈从文好像真的成了将军一般。醒来后，才感觉到那份来自心间的空虚。这常常出现的梦境成了沈从文心中渴望的一部分。这是沈从文第一次感觉自己与将军这样接近，甚至觉得自己注定是要成为将军的，有一种使命感在他的心中翻滚，激起内心那份斗志。

幼时，沈从文对于父亲所讲述的祖父当将军时的故事并没有上心。直到真正每天到军团操练时，沈从文才开始认真回想起那些故事，明白祖父真正的伟大之处。有段时间，沈从文和一起在技术班的好朋友，每天吃完晚饭后都穿着灰布军服挺着胸膛去集市上走一圈。有个卖肉的屠夫总是故意叫他们"排长"。沈从文彼时的梦想就是做将军，想要上陆军大学，并没有把"排长"放在眼中。好一段时间，沈从文都沉浸在做将军的梦中。这个梦是家族三代的期望，驰骋沙场，在动乱的时代留下属于自己的印记，无惧马革裹尸还，只愿展现脑海中威风的一面。将军后人，何惧之有。

沈从文在技术班的表现，家人十分满意，觉得沈从文终于开始走向正途了。每天去军团练习，懂得许多军中的礼数，有一次还获得了军部奖励。尽管沈从文参加了三次守兵缺额考试也没有入选，家里人也未曾失望。一次考试只有一个候补名额，沈从文动作三次都没有做错，还是未能入选。

兵荒马乱的年代，离别不算什么。没有桃花源那般避世安乐的地方，外面的世界免不了纷纷扰扰。预备兵技术班也发生了变故，由于陈教官独自主持办理预备兵技术班十分成功，所以被调走当了卫队团的营副。于是，对沈从文影响颇深的预备兵技术班慢慢不复存在了。虽然技术班只存在了短短八个月，但影响了许多少年。

那一年是 1917 年，4 月沈从文离开技术班后继续上学。当时家中境况已经十分不好了。沈从文家中所有的事情都由母亲扛着，十分不容易。同年，沈从文二姐去世，这对母亲和家中来说都是极大的打击。母亲哭昏过去好几次，那份伤痛一直不曾淡去。数年后，沈从文归家看到当年自己亲手插在二姐坟前的桃枝已经长到两丈高了，当时开得正艳，一片粉红，似是撑起了未完的夙愿，那份动人是永恒的纪念。

1916 年袁世凯死后，沈从文父亲才与家中联系，一联系就是要将家中的田地典卖掉，来还在外欠的债。不久后哥哥便出门北上寻父，二姐去世后就只剩迟早要嫁人的大姐，又眼瞎耳聋的大哥。弟弟早已过继给他人，最小的妹妹才五岁，父亲四年多未曾归家。母亲唯一可以倚靠的沈从文，那年也才十四岁。在这样糟糕的情况下，母亲做了一个极为艰难的决定，送沈从文去当兵。

当时，有位住在城中的杨军官带兵路过，听母亲说了家中情况，答应让沈从文以补充兵的名义随军。沈从文的人生中又多了一抹更深的灰绿色，军旅生涯在生命烙下深深的印记。

沈从文是在一个清晨随军远行离开的，外面下着小雨。沈从文给母亲磕了两个头，等到动身时全家一起送沈从文到门口。雨是从昨夜开始下的，灰蒙蒙的天和着淅淅沥沥的小雨，模糊了视线和景象。远处响起的叫卖声断断续续却清晰无比。这一切配着离别的伤愁更加朦胧与悲凉，这也意味着十四岁的孩童要靠自己的力量去走往后人生的道路了。慢慢地，蓝色绸布身影渐行渐远，成了模糊的焦点，融入一片整齐的黄色，终究什么也看不见了。

一点蓝在整齐的军服中十分显眼，沈从文就是唯一一个穿的不合群的。沈从文在军中看到几位军官，都是以前认识的熟人，可大家都装作不认识他的样子。沈从文感觉自己开始变得渺小，开始明白自己现在只是一名士卒。

从军之路刚开始就十分辛苦，娇生惯养的少爷要随军步行六十公里才能到指定的地方坐船。这是沈从文第一次走这么长时间的路，路自然不会都是平坦路，休息也不是自己可以决定的。在军队里显得格外小的身躯，负担着一个不算小的包袱，一路上的行进又是一份新的坚持。阳光终将会洒在不惧前方道路的人儿身上。最终，沈从文走完了这段路途。

远方的荆棘也许并不都带着刺，寒风中的冰雪也有别样的美丽，坚持走过的时光都会成为生命中最美好的烙印，搁浅在一方净土中的梦总有一天会以命运自己的方式展现。军旅生涯的烙印最终成了沈从文心中不可磨灭的痕迹。

第二章
军旅生涯·青春是一场灵魂的内战

1. 苦难的独特味道

    年少时离家的步伐映衬着夕阳的光，不知道前方是否需要披荆斩棘，决定有时候是件轻而易举的事情，未来的方向才是最重要的选择。想象中有一天骑着骏马挥着大刀，像将军一样奔向远方，功成名就后带着荣誉归来。只是天亮了，不知道这是否只是一个装在布袋里遥远的梦。

    天边的晚霞依依不舍着挥手送别，树木留恋着最后一抹阴影。天暗了，月色伴着小巷里传来的二胡声，夜未眠，谁知晓。枕边泪滴是对儿子的满腹关爱，时间带来的未知不及离别的难过。

    辰州是沈从文第一次从军所在的地方，在这儿沈从文心中的文学情怀开始萌发，像诗人一样自己的生活和看到的景色有了无限感慨。其中，寂寞和孤独成了这段时光的印记。

    沈从文照旧做着许多趣事，会东跑西跑，会和闲暇的人们聊天。不过欢乐中时常带着些许愁，这些在沈从文笔下不由得变得没有那么欢喜。沈从文说或者自己也是快乐的，但一下笔却带了很多愁绪。

    一个人的时光多少会不够美丽，在某个美妙的场景会渴望有人一起分享。也许还会想为什么自己现在只是一个人，不能像过去那样与朋友一同玩耍，相互陪伴。这段时间也带给了沈从文很大的改变。

    尽管如此，在那段时光里沈从文还是过得很有意思的。除了多了分孤寂，剩下的似乎没有什么不同。一切还是美丽的，美丽却是愁人的。

沈从文喜欢辰州的一个河滩，每天总会去那儿一次，不分什么时候。船只来来去去，或许还有船夫在说着什么。沈从文看着一艘艘货船驶来驶去，在河滩静静地散着步，享受着平静美丽的光景。天空也总是七彩纷呈的，河滩也跟着变换色彩。远远看去，一派和谐景象，像一幅动人的画卷。船只的漂浮游动是静谧的空气中流动的波纹，美丽从来都是说不清、道不明的。

水手们慢条斯理地将船上货物卸下，一般都是普通的蔬菜水果，还有其他一些常见的东西。印象最深的就是南瓜、茄子还有成串的生麻。自己眼中或许是平凡的日子，在别人眼中却成了一道美丽的风景。别有一番风味的愁绪，带着这愁绪独有的快乐。在这样美的景色下，沈从文想要的只是一个熟悉的朋友来一起分享，可惜只有这美丽的景色陪着他。

除却每天去河滩散步，沈从文一直享受着悠闲缓慢的时光。因为部队开拔了，也没有什么事情好做。沈从文常常去城门口的一家小店吃汤圆，也不知道他是否在想念家的味道。在老街东逛西逛，看看有没有有意思的东西，想来这也是从前养成的习惯吧。

偶尔，沈从文也和老人们聊聊天，讲讲话。讲述着自己经历的奇事，也听着老人们讲述这座城伴随着他们成长的故事。城墙上带着时光刻下的印记，老人身上也有时间留下的痕迹。只是老人会离去，城墙却会被修缮。一年又一年，历史留下的痕迹只能从城中留下的只言片语来寻找。那条河不知道绵延了多少年，走过了多少路。沈从文看着只觉得很美，很安详。

井边也是沈从文常去的地方，看着有人在井边打水泡豆芽，还有人不停地搓洗着衣服。打水是最常见的了，如果有老妇人前来打水，沈从文就会帮忙做做事。井水是清澈纯净的，在这样的年纪，什么都如井水一般透明。

沈从文在军旅时期也遭受过打击。沈从文会站在城墙上，有时候有中学生踢球来到这边，他便坐在墙上看着，球若是不小心踢到墙上，他也会帮忙捡来再扔下去。这些都算是欢快的。有一天，沈从文正在城墙上站着，过往的路人有不少小姑娘，一个小姑娘看到沈从文就大喊："二姐、三姐，有兵。"她们想要回头走开，沈从文听到后只好害羞地转过身去，好让她们过去。但是灰色的军装总是带给沈从文些许抱歉的意味，沈从文一直将自己当作读书人，觉得自己不应该被别人厌恶。这种时候，沈从文回到部中便坐下写小楷字，一写就是小半天，来填补心中那份愤愤不平。

沈从文刚当兵时有大量的时间外出，得益于刚来便被编排在支队司令的卫队，说来这支卫队也是很一般，甚至可以说是不太好的。卫队中年龄最大的22岁，最小的则只有13岁，是相法简单、在长身体的一群小兵。每天只能吃着糙米饭，睡着硬床板，早上太阳还未完全升起，起床号便响了。被起床号打扰了清梦，也要飞速爬起整装好迅速集合点名，点完名后便开始跑步。除了擦枪，下午大多数时候都是无事可做。司令会客时，偶尔会挑选二三十人组成护卫队前往。这样一来，沈从文就有了许多空闲时间继续感受生命中那本大书蕴含的真谛了。同时，也激发了他隐藏在心底的那份文人情怀。

落日、河滩、星辰的美丽无法与历史并肩，沉醉在心中的美梦美景，抹不去历史的伤痕。特定的历史条件决定了湘军浑浑噩噩的行为。袁世凯百日皇帝做到尽头后，各地方军队依附当地军阀，军阀趁机不断扩充势力，占领土地，形成各方军阀割据势力。湘西地区当时也成立了靖国联合第一军政府，主要有三支军队，沈从文所在的队伍属于第二军管辖。

虽然成立了军政府，但政府丝毫没有救市扶贫。乱世之中，为了功名利禄，谁都想有一番作为，势力的集结和对权利的掌握成了最主要的事情。沅陵是第一个受害的地方。军政府在沅陵成立后，便有大量军队集结于此。第一军和第二军在此处的部分兵力便已达两万余人，然而沅陵城中只有五千人。

因为联合军人数太多，成分又过于复杂，为了防止战争，稽查队只好每天进入城中稽查。当地钞票发行过多，外出采购总有被践踏而死的小孩和妇女。情况稍过复杂还会出现军队打人的现象。过多的军队驻扎在湘西地区，军中所需必须靠湘西二十多个小县镇来补给，民众不堪重负。不仅如此，军队大多数官兵素质都不够高，杀烧抢掠都是常有的事情。大多数地方都会经历三支军队轮番抢掠，最后被洗劫一空。乱世之中最不太平的就是百姓，菩萨手中的竹叶也无法洒下一片生机。

在这样的世道，沈从文在湘军待了两年多，见识了生死之间的沉浮，在生命的波涛中浑浑噩噩地翻滚着，张望着人性和世事。每一次离开都会开启新的旅程。看到的、面对的都是差不多的事情，这好似将同一件事不停地翻出来换着法子去做，结果没有任何改变。生命的脆弱感不断撞击着沈从文的心灵。

不久后，沈从文所在的军队前往芷江境内，由于沅陵驻守军队太多，便撤离了一些队伍。军队被派到各地，美其名曰剿匪。这也是沈从文继辛亥革命后再一次亲眼目睹的大规模杀戮。血腥再一次溅到了沈从文的生活中，沈从文只能这样旁观着。当事情

032 / 我这浅显易懂的心
和那深沉如夜的爱：沈从文传

已经转变成一种社会常态时，在人心中就已经没有什么对与错的分别了。像天灾、人祸一样，是人生都可能遇到的事情，也不能说是麻木，只是反抗似乎也并没有什么用，死亡像是被随意决定似的，没有什么特别的理由。有人活着，有人就要死亡，像是十分平常的道理一样。

当军队到达榆树湾驻扎后，地方乡总便捆绑了四十余名老实乡人前来。于是，连夜拷问画押，第二天就被砍头了。洒出的鲜血不知映红了谁的脸庞，泪水不及滴落便失了灵魂。当然，也没有全部杀光，第一天杀了27个，都安上了和"匪"有关的罪名。本来就是无辜的百姓，只要肯捐款的就会被释放，没有能力捐款的便只能屈打成招。还有一种：如果是地方乡绅花了钱送来的仇家，必定是要被杀掉的。

剿匪必须要杀人，军队在榆树湾驻扎了数月，唯一做的事情就是杀人，杀害的大部分都是无辜百姓。军队一边鼓励有钱乡绅花钱报复仇家，一边向抓来的无辜百姓索要捐款。死在刀下无法瞑目的魂魄都是这个时代的弱者，看着这些沈从文有些难过，却不知道是为何难过。历史的记忆中鲜血横流，沈从文所在军队总共在榆树湾杀了两千百姓。天边红霞格外的通透，也许是印上了一层薄薄的血红。不知道后世有没有人回头望过这些无辜的躯体。

在榆树湾驻扎四个月后，军队前往怀化驻扎。换了地方，不变的是无尽的杀戮。伴随着命运的戏谑，沈从文看着一个个滚下的人头，听着军官对于即将死亡的犯人的讨论。那些声音充斥在脑海中，一声声笑，一声声哀求。"他的跪姿不标准，匪应该是单膝跪地的。""他怎么能做匪呢？"……这便是他们的闲谈，沈从文想他们为何会如此轻易处置一条人命呢？不过再想想，恐怕他们的家人过一段时间也会忘记他们的死亡，继续生活。

新旧交替，动乱带来的冲击、家人的离去，恐怕没有时间去多愁善感，在乱世中生存成了最现实的问题。面临着最直接的选择，危机困难不断，怎么可能每天哭哭啼啼地叫喊着已经远去的灵魂。这样的时代，生命显得如此卑微，人性中弥足珍贵的东西也免不了被抹杀。

死亡的戏剧性远不止于此，生命像一场游戏，很多时候存活还是死亡都只是一眨眼的事。有一天夜晚睡觉时，一个士兵向自己的队友连砍七刀，他的理由是："他骂了我娘。"大家也都相信了。

最令沈从文伤心的是表哥沈万林的死。沈从文和沈万林相伴一年后，沈万林因为公务前往凤凰老家，兴奋不已的沈万林还向沈从文展示了买给老母亲和妻子的金戒指和金耳环。之后沈万林在去凤凰的路上被杀，金戒指和金耳环最后用来办理他的丧事。沈从文听到后便大哭，立志一定要为表哥报仇雪恨。

那些日子，生命就像是浮云，随时可能化为风雨远去，在那时人的眼中，这叫做命。如果是命运的抉择，沈从文是幸运的。悲壮的故事总是由一件件鲜活的事情堆积在一起建成的高塔，悲壮两个字就是高挂的牌匾。

伴着春风、艳霞、河滩的夕阳，日子就这样一天天过去。春天走了，夏天的温度也褪去了，落叶吹拂了一地清凉。时间就这样不着痕迹地带着记忆离去，人儿就这样慢慢长大和改变。新的一年就这样到来了。伴随着鹅毛大雪，第二军再次回到沅陵，不久后前往川东、鄂西一带。

与当地军队、民众的冲突不断，直到9月，全军被当地"神兵"

034 / 我这浅显易懂的心
和那深沉如夜的爱：沈从文传

击溃。五天后，沈从文拿着三个月的遣散费和护照回了家。沈从文的军旅生涯暂时告一段落，浑浑噩噩的从军过程让沈从文对许多事情有了新的认识。

"一个人记得事情太多真不幸，知道太多事情也不幸，体会到太多事情也不幸。"沈从文这句话中不知道是否包含着在军队并未体会透彻的难过。时间在走，转着圈的军队带着鲜红的旗帜隐约留下了模糊的一片淡红，最后也不知要往哪儿去。那段浑浑噩噩的湘军生涯就这样一直留在记忆中。

2. 畅游在珍贵的时光里

动人的景色有心动的人儿，一笔一划留下独有的印记蔓延在生命的长河中。一点一滴谱出生命的乐章，少年只想活出生命原本的乐趣。即使太多的尘埃遮住了阳光，即使数不尽的血腥充斥着全身，属于沈从文的只是最简单的那份欢乐，奔波行走享受着阳光的味道，洒在心间的是最真实的温暖。对于十多岁的孩童，哪里都是有阳光的。

将军梦的追寻已被纷乱的世事埋藏于心底，好像只是黄粱一梦。行军刚开始卑微的存在又将心中的梦压下了一截，直到唤醒心中那份活泼的天性，沈从文还是找到了自己的乐趣。

沈从文行军不久后便升为上士班长，这多得益于沈从文在技术班的学习和个人表现的优秀。不到一年后，沈从文因为字迹工整在怀化又被升为上士司书。值得夸耀的是每次忘我练字时的奋笔疾书，那份不甘与发奋是寂寞时光中仍然明亮的灯火。

因为沈从文字写的好看，军中熟人便叫他"沈小师爷"，这也是沈从文得意的地方。岁月的空隙蘸满了墨汁，书写着离家已久孩童内心的不安，不知愁却也寂寞孤独。不过在寂寞混沌的从军中星星点点的欢乐也串起了夜晚的明灯，照亮了远方。小师爷的乐趣才是真正属于沈从文最后孩提时光的欢快。

其实沈从文本名并不叫沈从文，而是叫沈岳焕。沈从文来到军中后，因为字写得好看又颇有学识，于是被上司更名为沈从文，沈从文也十分高兴地接受了这个名字。前方不知道是怎样的风景，梦里看见的景象似乎显得不那么真切。军旅途中没有什么格外艰苦的事情，更多的是乏味单一的生活，沈从文还没有意识到心中是否有什么理想，只是想将来要怎样过好生活。无论如何此刻，沈从文还是在悠闲地过着自己的日子。

沈从文升为上士司书后被调往秘书处，住司令部。秘书处基本都是年龄稍长的官员，沈从文来到这里后便没有什么机会读书了。这里实在是没有什么书可读，文人倒是有许多，做过官的，留过洋的。但是因为司令官目不识丁，大家也都不做文人雅客的样子。腾云驾雾的朦胧不是诗词书画的升温，只是害人的鸦片。鸦片的烟雾伴着打牌的声响是摄魂的毒药，这里更多的便是这些毒药。

杀人早已不是什么新鲜事，麻木的灵魂对这一切已经熟视无睹，说不上欢乐或者难过，偶尔的刺痛感也渐渐被遗忘。沈从文照旧伏案写一些公文，大部分时间都是清闲的。杀人也没有那么吸引人了，打牌和鸦片沈从文是从来不参与的。倒不是因为沈从文有多么的乖巧，只是打牌没钱，鸦片在沈从文眼中又是令人痛苦的东西。于是，沈从文又开始了自己在山间、市集寻乐子的生活。

春天和秋天是最好的光景，树上枝头若不是开满了星星点点的花儿，就是结满了沉甸甸的果实。沈从文自幼和大自然分外亲近，天空变换的多彩、光影的投射都是沈从文眼中的剧中画。暖洋洋的风拂过面庞，空气也泛着清爽的滋味。山上的景色清澈了血腥的杀戮，随风摇曳的绿植也洋溢着笑容。信手拈来的花儿草儿都是欢声笑语中的一份子，树木从青葱嫩叶成长为绿油油的一片，再被时间染上金黄，点缀着天地间的美好。沈从文常常带着几个副官上蹿下跳，在如诗如画的山间采药、嬉闹、摘果子。

在山间摘了枝条做成笛子是最大的乐趣，一路上几个人吹着，路过市集回到军营。这声音受到许多人的围观，甚至还有不知情的军官开了窗从上往下看，这是沈从文极为欢喜的事情。

夏天的炎热也阻挡不了沈从文对生活乐趣的向往。不同于春秋时节结伴出行的郊游，夏天沈从文通常是独自出去。在山间有个风口洞，传言吹了那儿的风会受寒发热，不过这种迷信的说法并没有对沈从文造成什么影响。花个把小时在风口洞吹着夏日凉风，是沈从文最喜欢的事情。独自坐拥着大好风景，清风拂面，听着自然谱出的动人乐声，身上的燥热就去了大半。火辣辣的阳光染红了天边的云霞，少年静静地坐在山头任思绪游走。

秋风吹走了炎夏，冬天也紧跟着脚步走来了。树枝在寒风中摇曳，枝头残余的几片树叶也被风席卷离去，最终落入了大地的怀抱，许下承诺等待着来年春天呵护残留在土壤中的种子生根发芽，开满鲜花。风吹遍每个角落，像是想要让隐蔽的分子都出来透透气，换另一片天地。刺骨的寒风凛冽，吹得路上的行人缩着脖子，风还是钻进了身子骨中。寒冷意味着冬天，一个鲜有温暖的季节。雪也渐渐到来，一点点飘下，从小雪到大雪纷飞。最后，整个世界变得银装素裹。

寒冷冻结了天地，白茫茫的世界是眼中的安详，遥望只有冰雪的芬芳。雪化了，阳光毫不羞涩地洒下。管事的主任和几位小工人总是围在一起吃着狗肉暖身，沈从文在的时候也必定邀他一同吃喝。偶尔兴起，主任就带着一帮有勇气的孩子到河中泅水，沈从文自然也脱光衣服下河。冰冷刺骨的河水那时代表的是一种英雄气概，缓缓流动的雪水纪念着那个冬天的嬉戏。

阴冷糟糕的天气出不了门，沈从文就在室内雕刻书中的画。

有神话故事，也有历史故事，每一刀都刻得精细无比，小小的刀具雕琢着内心欢喜的滋味。听着窗外的电闪雷鸣，看着手下的作品。只要有事情做，阴雨天也都是欢乐。沈从文的作品也是真的雕得很好，副官看了纷纷让沈从文雕刻一个给自己拿来留着，沈从文也一一仔仔细细雕刻出来送给他们。

如果桥头的遥望是到不了的沟壑，那么只好不再遥望缠绕着乌云的远方，抓着风的翅膀，顺着自己的心意，一心一意不辜负渐渐走过的日子。也许少年的思绪从未走得如此远，掌心的青丝滑落，看得见的只有一天天跳动的步伐。适当的年纪过着这样年纪应该过的生活就好。沈从文顺着自己内心的藤蔓游走在自然的欢声笑语间，独享那份属于小师爷的乐趣。

冬天最受军中官兵欢迎的就是狗肉，美味又驱寒。沈从文的另一个乐趣便是煮狗肉给大家吃。沈从文煮的狗肉十分入味，一起吃的军官都大为夸赞，冬日里打牌喝酒时来一盘冒着热气香喷喷的狗肉自然是大快人心的事情。一块块炖烂的肉像冰霜中温暖的炭火，忍不住拿起筷子夹上几块。一口吃下混着暖过的酒浑身都充满了力气，寒冷成了无所谓的空气。

大家对沈从文煮的狗肉都念念不忘，沈从文也每逢赶集的日子便跑去集市买狗肉炖给大家吃。有时候沈从文还自己出钱买了狗肉偷偷做好，等到吃饭的时候像变戏法一样拿出来。其实在沈从文跑向集市去买狗肉，再到河边处理干净的过程，大家早都看见沈从文拿着狗肉跑来跑去忙碌的身影，知道晚上又有一顿美味佳肴。但是在沈从文端出狗肉的时候，大家还是露出一脸惊讶的表情。有夸赞沈从文手艺好，为大家做狗肉的。更有甚者装作一副浮夸的样子，笑闹着说："小师爷你不会又要请客了吧，这样不好吧。"

这个时候大家都笑开了花，沈从文也知道这是玩笑，不曾理会，毕竟军中也就这点笑料和幽默了。对于沈从文而言，做狗肉能得到许多乐趣，烹制过程的乐趣和大家一起吃时玩笑的乐趣。正好沈从文每月不多的一点俸禄也不知道可以做什么，便用来如此消遣，换个乐子笑一笑。

在从军过程中，沈从文遇到了两位使自己受益匪浅的朋友。一位是表哥沈万林，另一位是留学过日本的文颐真。可惜这两位好友都死在兵荒马乱的环境下，没有躲过无情的刀枪。

沈万林在沈从文遭受打击和不平的时候给了沈从文许多鼓励，也教给沈从文许多道理。沈从文愤慨时，沈万林极力隐藏自己愤懑不满的一面，只是告诉沈从文不要理睬这些人。沈从文听完后也觉得自己和那些人不是一路人，毕竟自己还是读书人，每当这个时候沈从文便练起了小楷字。表哥带给沈从文的温情抚平了动荡岁月走过留下的起伏，表哥的去世也成了沈从文无法忘怀的伤。

文颐真是沈从文在秘书处认识的朋友，文颐真刚被调来当秘书的时候，就显得十分与众不同，相比在军中充满粗话脏话，文颐真是十分文明的人。就因为这一点显得他十分不同，也免不了背后说闲话的，毕竟军队是糙汉子待的地方。沈从文也免不了说几句粗话，文颐真便劝导他小小年纪应该学习更好的知识。沈从文不在意文颐真的话，文颐真也只是笑着摇摇头，这反而赢得了沈从文心中的好感。

这样一来二去两人渐渐开始熟络起来，文颐真将自己的所见所闻一一讲给沈从文听，沈从文开始认识到以前不曾知道的东西。电话、灯泡、舰艇、火车，还有英国美国的军装第一次进入沈从文脑海中，这让沈从文有了改变。偶尔沈从文也会翻看文颐真那本厚厚的《辞源》，有时也从其他地方借一些其他书来看，还和秘书处的几个人合起来订了一份《申报》来看。两人再回沅陵后分别，最后文颐真死在了导致沈从文军队解散的那场战役中。这算是沈从文从军时的另一件伤心事。何处再相逢再也没有了答案，欢乐的时光流逝在岁月的长河里，祭奠着曾经。

生命的珍贵在于困苦、百无聊赖的生活还能捕捉到欢快的影子，跟随着影子看得见天空中的阳光，希望的种子在发芽生根。也许悲凉的风会立一座墓碑，宣誓着光阴留下的躯体已不再欢笑，但看见前方艳阳高照，可爱的人拿一只口袋，轻轻地将每一份乐趣放入其中，再怎样荒诞的日子都能找到一个人的满心欢喜。

小师爷的乐趣是那些久开不败的花儿。在生死间游走的日子仍然专心于丰富的生活。这段日子成为沈从文心中永远难忘的片段，挥洒的汗水，奔跑的脚步，一笔一划写下的小楷都是斑驳时光五彩的倒影，闪着光，晶莹剔透。如果人生是片夜空，这些乐趣便是里面闪烁明亮的星，透着光映着欢乐的笑。

3. 追逐着遥远又缥缈的梦

漂洋过海是一场旅行，风浪拍打着礁石，片片浪花溅起了一副壮丽山河。行走的步伐铿锵有力，一个个脚印连成一片，绘出行者无疆四个大字。命运的摇摆让生命的船只在海上晃动着，何时驶向何方是未知的。漫漫岁月中，生命的洪流不停歇地低唱着歌谣，唯一能够做的便是紧握命运的衣襟，寻找间隙中的平静，走进生命的另一种景色，追逐着遥远又缥缈的梦。

天空下着雪，雪迎着光映衬着白花花亮晶晶的单色世界。寒冷的天气衬着沈从文的心情再适合不过，走在雪覆盖的小路上，时而压在枝头的雪俏生生地滑落下些许，打在地上，露出已然枯竭的树枝。晴朗也只是寒冬时的匆匆过客，偶尔洒下一些暖意，却丝毫融化不了冰雪。沈从文此时已经归家小半年，几年军旅生活也让沈从文更加成熟懂事。

家中的境况和冬日的万物一样结了冰，了无生机。父亲依旧没有归家，寻父的哥哥也没有回来，家中只有姐姐妹妹和母亲，最后一点田也已经典光。这时的情况比沈从文两年前离家时更为糟糕，母亲已经打算卖掉房子。沈从文也在思考自己的出路，给家中添负担实在是不可行的。

面对这番光景，沈从文自然没有像以前那样的心情四处找乐子来打发时间，生存成了必须首先考虑的事情。思索着未来的事情，回想着一幕幕军中的情景，一条条鲜活的生命总是被命运戏弄得轻而易举地消逝。看过一些世事，走过了许多的路，也看了一些书，还有文颐真与沈万林带给沈从文的精神力量，沈从文已经不再是顽劣的孩子，开始思考人生中必须面对的一些问题。

这个冬天沈从文随着七舅娘的轿子走在山路上前往芷江，一路上想着关于人生的那些事。山路上堆满了积雪，崎岖的道路也没有多少脚印。这个格外阴冷的冬天并没有那么好过。叽叽喳喳的鸟雀成了林间生命力的象征物，呼啸的风吹动着林间树木，遮却了这唯一有生机的叫声。沈从文总是将自己裹得十分厚实，在白茫茫的山间行走，希望为自己一片茫然的内心绘上几笔色彩。漫过脚踝的雪也不算什么，生命道路上的停滞才是最可怕的风雪，蔓延进心房，冒着冷气。

因为沈从文的思绪总是漂浮着，想着其他事情。有时候便会毫无防备地跌进雪坑，这个时候他便大声呼救，挑着扁担的挑夫也要花好大力气才能把他拉上来。可是生命的洪流中又有谁能将谁解救出来呢？天边的云彩也没有多余的颜色，白和浅灰是那段时光的主色调。

单一也有着别样的美丽，透着一丝不那么暖的光，滋养着生命。

关于生活与未来，沈从文似乎第一次这样认真地审视自己，如何过好自己余下的人生，人生究竟应该有着怎样的追求，理想与抱负。这些似乎都太遥远，还未满十八岁的沈从文并没有去想这些问题。沈从文当下最重要的是如何找到一份谋生的活计，长久地做下去，慢慢做大做好，改变家中的境况，做一个有出息的人。

芷江是此次前行的目的地，沈从文打算先在芷江落脚寻找机会。一来是因为芷江是湘黔一带的地方边境，也是要道，自然比其他县镇机会更多一些；二来是因为家中有许多亲戚在此，也好有个照应。

　　四天后，沈从文顺利到达芷江，路上摔了许多次，不曾摔伤也是幸运。到达芷江后沈从文住在一位卸任知县的舅父家中，不久后这位舅父成了芷江警察所所长，沈从文也在舅父的安排下成为了警察所中的一名办事员。沈从文主要的职责便是每天伏在案前写一些违规处罚的条子，还有就是跟随着看守牢房的警察拿着花名册一一点名。

　　不久进行改革后，税收也归警察所管理。沈从文又兼做税收员的工作，按照条条框框填写税单。这份工作对于沈从文最好的地方，便是他可以满大街地跑来跑去，同时做着公务。因为沈从文本身职务的原因，再加上舅父的职位，当地各店铺老板对沈从文也极为客气。这样不久后沈从文便和当地人十分熟络了。最让沈从文享受的，就是每天到街上可以接触各式各样的事物，每个人回忆里都有一段十分欢快的时光，也许本身并没有那么欢快，但在回忆中怎么也藏不住那份欢乐。至于漏税行为，那时自然不是沈从文最在意的。

　　除了舅父之外，沈从文在芷江还有一位十分了不起的姨父。这位姨父沈从文应该是不怎么多见的，但从沈从文记事时便知道这位亲戚是位了不起的人物，当地没有人敢得罪他。对沈从文，这位亲戚也是赞许有加。

　　舅父经常闲来无事会与另一位亲戚作诗，沈从文就在一边帮他们抄诗。久而久之，沈从文虽然不会作诗，但也学会了看诗。每天抄诗、听诗也成了沈从文生活的调味剂。一边抄着工整的方块字，一边仔细体会着每个字眼蕴含的独特味道，连成一句竟可以诉说出独有韵律又幽然长存的意境。一滴滴化开的墨汁填补着心中空白的景，那份安详与魅力辗转心间。伴着心中这份独特的感知，沈从文甚至抽空练习小楷字，只为得到长辈们的夸奖。

文化的浪潮席卷过每个时代，每个时代必然有自己独特的文化变迁。一阵清风吹过，花香四溢。新的文化总是先引入，然后悄悄渗入一部分人心中，最后掀起一场革命。1921年五四运动爆发了，一场文化变革正在向旧的文化思想叫嚣着。北京和湘西地区最先开始这场运动，有许多新青年参与其中。

彼时的沈从文对于这场唤醒青年心中新思想的运动并没有太放在心上。只是在街上听着屠夫饭后闲谈着新式思想下的女学生在新式学堂花许多钱也只是在学着些乱七八糟的东西，看洋书，随便和男同学睡觉。沈从文边听着这些边和屠夫一起哈哈大笑，后来受五四运动影响的青年，大多为了心中的理想投身各行各业。这些是市井百姓所不知道的，也是后来沈从文才明白的。大约两年后，沈从文也受到这股思潮的影响，渐渐走上了寻求自己内心理想的道路。

这个夏天，沈从文在翠绿环绕的庭院中读着狄更斯。一句句简单的话语将丝丝凉意带入沈从文心中。没有什么大道理，只是静静地诉说着一切，沈从文喜欢极了狄更斯讲述的一个个故事。抱着书本在树下细细体会每一个故事背后的道理，感悟新的人生。这份文学的洗礼又改变了沈从文许多，他似乎懂得了一些以往没怎么意识到的东西。沈从文带着憧憬，开始思索自己的将来会降落在哪一片土地，开出怎样的花儿。

此时，沈从文的母亲已经将房子卖了出去，卖了房子之后也不便再在凤凰住下去了，正好沈从文在芷江做事做得不错，母亲就带着一家人前来芷江租房住。沈从文一家本在芷江亲戚就多，当地有势力的亲戚姨太太又是母亲的妹妹，大家都只知道原本沈家是旧家，以为有不少钱。加上沈从文本身做事又做得好，还有狄更斯对他的熏陶冲淡了原本骨子里的那份野性，大家都将沈从文看作十分有出息的人，无一不与他交好。母亲也以为转运的时候就要到了，盼望着生活的美景降临。

沈从文当时差不多 17 岁，当地乡绅都十分想要沈从文做女婿。当地乡绅总是时不时问沈从文亲戚沈母的想法，那位亲戚总是回答不急不急，其实是想让沈从文做自己的女婿，亲上加亲。日子似乎安稳下来了，可惜不久后这位舅父便因为肺病去世，税收也归新的地方管理。沈从文被调职到新的地方继续做收税员。

在这里，沈从文不久就认识了十来个绅士，也认识了带给他命运磨难的一个孩子。这彻底改变了沈从文今后的人生道路，也算是一份幸运，如果沈从文不历经这么多的苦难，也不会成为现在人们所熟知的文学大师，可能仅仅是一位普通的地方乡绅，过着腐旧的生活，平凡地走完这一生。

沈从文是乡绅争相喜爱的"女婿"，可谁也未曾想到沈从文第一次接触到爱情两个字眼竟是一场灾难。沈从文认识的那个孩子总是叫他去家中看看自己的姐姐，并且时不时暗示沈从文自家姐姐对他印象很好之类的话语。于是，这纯真的少年真以为那女孩深爱着自己，而自己仿佛也跌进了爱河。窈窕淑女在眼前，懵懂的心自然而然不受控制地飞了出去，少年的热切却不过是一份藏在心底臆想出来的美好。

就在这段日子，四个女孩以同样玲珑的身段出现在沈从文面前。这是次相亲，四位乡绅的女儿供沈从文选择，可沈从文始终忘不了脑海里那女孩的身影，使沈从文不舍得辜负这份心中的美好。相亲最后自然无果，好在母亲倒也并没有生气。也许沈从文应该经历更多的磨难。

之前那孩子因姐姐的名义，和沈从文也越发的熟悉了。开始向沈从文借钱，沈从文也大方地将由自己保管家中卖房得来的钱借给了这孩子。这孩子倒是极守信用的，今天借了明天还，明天借了后天还。

沈从文每天写情书给朋友的姐姐，一心认为那将是不朽的作品。直到那孩子再也没有出现，沈从文才知道自己钻进了一个谎言，名为爱情。更糟糕的是，沈从文借出去的钱少了一千块，沈从文不知道怎样向母亲交代。这场爱情就以沈从文丢失一千块为结局画上了句点，也许这女孩从来不知道究竟是怎么一回事，只是沈从文将一切都以为是那样逼真的事实。

对于 17 岁的半大成人来说，刚接触爱情的心动便夭折了。好比不小心误入了别人的梦，醒来后被泪水打湿了脸庞，朦胧中还未看得真切，又飞来横祸，来不及躲闪。梦碎了，花蕾还未绽放便先失了色彩。这便是爱情最初的记忆，这场人钱两空的磨难带给沈从文的苦涩和绝望是说不清的痛。

"假若命运不给我一些折磨，允许我那么把岁月送走，我想……"沈从文自传中说命运如果没有磨难，自己恐怕也是一个乡绅，恐怕也学会了吸食鸦片。现在想来，这实在是一份幸运。因为这场磨难，沈从文去往更远的地方。比起生活，他的生命中出现了理想这个词，在未来，更是多了一些壮阔的选择。

改变了未来的航向，抹不去的是现实的绝望。当下沈从文无论如何都无法宽心，对于自己的糊涂行为找不到任何开脱的理由。更为自己乡下人的那份愚钝感到十分伤心，绝望到骨子里的哭泣分外痛苦。母亲为这件事情哭了大半年，只因沈从文老实的乡下人本性。

最后，悲愤之余，沈从文只留了一封书信，信中满满是愧疚与歉意，剩下的钱也一并放入信封。就这样，沈从文孤身一人离开了芷江。

远方是未知的迷雾，竖起的旗帜是命运宽容的厚待。在洪流中逆流而上，乘风破浪。离别夹杂着淡然与丝丝无奈，高挂着的月牙不知什么时候能再次圆满。看着天边逐渐暗下去的晚霞，落日也别有一番风情。生命总有离开的时候，辗转反侧只为骨子里最真实的性情。终有一日，走过的路会带来想要看到的风景。

4. 相遇时的惊喜是命运的馈赠

满怀欣喜地体验着现世的欢乐，未曾想到只是颠倒了梦幻诗篇与现实的音符。远方，美丽的姑娘一次次出现在眼前，痴情小子迷了神智，移不开眼，心中的炙热喷出爱的火花。当时少年单纯，浪漫地认为自己一首首动情的诗歌会成为日后流传的佳话。

可惜，如梦般的爱情终究破碎了一地，一切不过是少年丰富臆想之下的骗局。南柯一梦成为了少年心中怎么也抹不去的笑柄，自觉无脸见人。于是，沈从文留下书信匆忙离去，背后的情绪仍然剧烈地翻滚着。

屋里，少年的悔恨和哭泣迟迟不肯散去，绕着那封信转圈。些许的凌乱彰显着少年离开时的匆忙和慌乱。此时，沈从文已经在码头等待着船只，手里只有随意装着的几件换洗衣物。天气的阴晴沈从文已经感知不到，海风拂过面庞也不能带给沈从文一丝笑意。未来迷途的未知成了心中最慌乱不安的部分，现在的处境就像完全看不到光的黑夜，等待是漫长而又恼人的。

船要开了，每个人神情都不大相同。欢乐与悲伤，每个人脸上都有着不同的色彩与光芒。沉甸甸的心情绝望到跌入深渊，终究还是不甘心，沈从文逼自己振作起来。船是开往常德的，可沈从文的目的地不是这儿。沈从文下决心要离家乡远一点，定要做出一番作为再归家。北京，也就是当时的北平，是沈从文觉得最好的选择。虽是做好了决定，也下了决心，可心情不是片刻就可以平复的。命运总会有意想不到的事情发生，比如那个深深伤了沈从文心的女孩，又比如沈从文在常德意想不到的故人相逢。

虽然说沈从文对女孩曾动了情，向往着未来，但一切都算是女孩弟弟设的骗局，女孩倒没表示过什么。所以说来也不能怪女孩。命运的颠沛流离总是令人措手不及，沈从文在常德待一段时间后，听说女孩在出发前往外地读书的路途中被土匪绑了去做压寨夫人了。

沈从文听到免不了忧伤一番，世事总是这般戏弄人。伤心之余，在墙上写下"佳人已属沙叱利，义士今无古押衙"，抒发心中无限伤感，也为这年少懵懂的感情画上句号。动荡年代书写着不同人相同的命运，有太多的身不由己，充斥着那个年代的心酸与不易。最后女孩做了芷江教堂的一位修女。

那是一个不知道如何形容的时代，充满了一切可能，好的、坏的。生与死徘徊在生活中，离别也许是永别，从此之后可能过着不同的人生。相逢是值得十分欢喜的事情，是难得的缘分，路途中遇见熟识的人心中更为感慨。哪怕只有一面之缘都是人生中难得的际遇，遇到自然要互诉衷肠。

离别后的未知是现世的荒凉，相遇时的惊喜是命运的馈赠。另一番故事就是沈从文在常德的际遇，为人生又多添了一份明艳的色彩。船开到常德后，沈从文心中五味杂陈，打算先去找住处落脚，再等船前往北平。没想到沈从文刚到客栈便遇到了一位表哥，这位表哥是大舅的儿子，名叫黄玉树。在陌生的地方遇到熟人多少是件好事，沈从文心情自然明朗了几分。黄玉树得知沈从文在找地方落脚后，主动提出沈从文与自己住一处，遇到也是缘分，互相照应也好。沈从文想想的确如此，两个人多少有个照应。

　　两个人进屋后便开始各自说起现在的境况。一番寒暄后，两人也都了解彼此现在的处境和打算了。沈从文与表哥是自幼就认识的，小时候每次表哥来家里串门玩的时候，远远的就能听到他的声音了，奶奶总是开玩笑说表哥总是这么闹，沈从文每每听奶奶这样说便哈哈大笑了起来。正因为这样，沈从文也未曾对表哥隐藏什么，将离家到常德的原因和要去北平闯荡一番的想法悉数告诉黄玉树。黄玉树打断了沈从文，跟他讲去北平的事情急不得，不如先跟随自己在常德住上些许日子，实在不行等翻过年一起结伴去北平。沈从文细想觉得这也是不错的主意，毕竟一路上自己一个人确有不便，便应了下来。

　　一方山水养一方人，常德与凤凰有许多不同。沈从文渐渐忘却了误入歧路被荆棘刺伤的痛，在暗夜中寻找花开的春天。平静下来，开始细细感受属于常德这个地方的独特风情。

　　沈从文总和表哥在城中四处转悠，看着新鲜事物，优哉游哉。同时，也思考着未来究竟应该何去何从。未来的迷茫也是生活独有的魅力，因为不确定，所以满怀希望。

　　被灼伤的痛慢慢愈合，沈从文写信给母亲诉说了自己的境况和不孝。母亲也没有多加责怪，只是心疼沈从文，怕他以后还会因为淳朴善良的天性重蹈覆辙。母亲寄来的书信像初生时的襁褓包裹着自己，满满的暖意触动着沈从文的心，沈从文下决心一定要有番作为才对得起母亲，才能挽回自己曾经天真时犯下的错。不过在常德沈从文暂时没有找到什么好的出路，每天只得在常德的大街小巷闲逛，码头附近的街道市集是沈从文最常去的地方。这样的风景不知为何似乎天生对沈从文有着难以抗拒的吸引力。沈从文看到码头、河滩一般的场景都会不自觉地靠近，静静地看着，感受着这份略带忧伤的美丽。

当时的常德码头十分热闹，每天都有来自天南地北的货物商品在这频繁转运，还有来来往往的客船，许多人在这转乘，去往北平、上海这样的大城市。辰州的河滩是沈从文喜爱的，这里的码头也是。不知道是因为热闹，还是来去匆匆留下的落寞，总让这儿有份独特的魅力。看着过往的船只，天空漂浮着轻烟，一只只手提箱和主人一同走上船只，飘向远方。

每天沈从文都这样远远地看着码头发生的事情，享受这种感觉带来的放松与愉悦，缓缓地游走在自己的世界。和这儿的人闲聊也是沈从文喜欢的，闲聊的对象自然大多是社会最底层的淳朴百姓。不过这也完全不影响沈从文的兴致，沈从文更加喜欢和这些与生活接轨的"真实人物"聊天，感受属于这个城市更加真实的面貌。

在码头看景、与不相识的人寒暄，在漫无边际的街上思考，成了这段时间沈从文主要做的事情。走过了凤凰的每一处，在辰州、芷江等地也行走了些许日子，常德自然也让沈从文了解到许多东西。"一本大书"原来这样浩瀚无边，沈从文也从中学到了许多书本上不曾学到的东西。这些民风民俗，还有他常常与普通百姓的对话都丰富了沈从文的世界，也成了沈从文日后写作的素材。

沈从文和黄玉树两个人在一起，也少不了些乐趣作为生活的调味剂。客栈老板的女儿总是上楼到他们房中借口找黄玉树帮忙，离开的时候总会留下些糖果或糕点，黄玉树和沈从文也会吃了这些留下的糕点。因为客栈老板的女儿又白又胖，黄玉树总是说她像一块发糕。

此外，两人总是交不齐房费，沈从文是没有钱的，黄玉树只有每月家中寄来的 30 块。客栈不好意思赶人，两人便一直装傻充愣。住处从刚开始的大房换为别间，最后到离茅房很近的一间小房。虽然老板娘时不时会嘲讽两句，但暂时没有什么去处的二人只能装作听不懂的样子。不管怎么样，有表哥挡着总是没什么大事的。可沈从文内心也还是有一份不舒服的感觉。

沈从文和黄玉树晃晃悠悠地过了好几个月后，沈从文终于忍不住拉住黄玉树找事情做。得知在常德附近有一支湘西地方军，当时贺龙在里面一个支队作司令，恰好有位叫做向英生的凤凰人与贺龙是拜过把子的兄弟，正好又住在常德的某家旅馆。于是，沈从文和表哥前往向英生处，希望他可以帮忙写一份引荐信。向英生十分爽快地写了引荐信，将兄弟俩引荐给贺龙，贺龙看到拿着向英生书信的两人后很快便谈妥了，一切都十分顺利。

笔尖起，墨滴落，宣纸染上了色彩，只是不知是污点还是佳作。就在两人即将前往赴任时，黄玉树遇到了一场姻缘，黄玉树陪同沈从文看望在学校教书的七舅妈时，认识了同在一所学校教书的杨小姐。两人见面不久就颇感投缘，加上志趣相投，便互生情愫了。这样一来便耽误了去贺龙处赴任的时间，最后两人都未曾去赴任。

黄玉树每天和杨小姐会面，必要沈从文陪同前往。不仅如此，沈从文有时候还为两人放风。黄玉树也总是让沈从文帮忙写信给杨小姐，沈从文写完后，黄玉树读上一遍便连连夸赞，说是可以登报了。送信这种差事自然也落在沈从文身上，有时候杨小姐当面夸赞黄玉树写的信有文采，沈从文总是要憋住笑，以免露馅。这样一来，沈从文总要绕着黄玉树和那段与自己没太大关系的姻缘转来转去。虽然可以帮表哥尽一份力，但也不能总是如此。加上每次客栈老板催债时，沈从文总感觉自尊心受挫。沈从文感觉自己必须离开常德，谋新的出路。

阳光和煦，风轻抚过耳畔，眼前茫茫一片白光，流畅的曲调缓缓划过心房。漫无目的游荡的游子思索到底哪里才是终点？迷途星星点点的风景飞逝而过，留下模糊的记忆。不知道什么才是想要留下来的景色，红的、白的、蓝的，一串串花束点缀着黑白灰，五彩的光芒斑斓了想象，却也留不住那颗跳动游走的心。

呆在一个地方久了，就会听见离开的步伐越来越近。沈从文此时又有了入伍当兵的念头，因为他看到的军队和之前自己待过的军队有着完全的不同。整齐划一的步伐，严谨有序的管理，这些让沈从文心生向往。沈从文坐上了从常德到保靖运送军服的船只，打定主意到保靖后寻找机会留在军队。

在常德待了许久，看遍了这儿的风景和人，沈从文告别了这个地方，也告别了表哥，寻找新的生活。常德是平静眼眸凝视中的亮丽风景，也是思想心灵暂时得以放松的地方。和表哥在一起的时光更多的是悠闲，不知道沈从文是否受到表哥苦中作乐的影响。可以肯定的是，在这段本来孤单寂寥自责的时光遇见表哥是种幸运，为生活这盏茶稍加了些许甜。

那些船只来去匆匆的影像，上上下下的人们，还有他们的箱子；阳光下河面的波光粼粼，海风的咸味；大街小巷人们熙熙攘攘夹杂着各式各样的言语。所有的这些印刻在脑海，一遍遍回味，这样的记忆和感觉是余生也模糊不了的。

终于，这一天不再是遥望着这些船只，分辨着商船客船，而是用坚定的步伐踏上即将带自己远行的船只，挥着手告别这座误打误撞生活了半年多的城市。沈从文就这样离开了常德，走向另一个地方。

第三章
缤纷世界·我想出发去任何地方

1. 生活就发生在现下

河水静静地流淌着，缓缓送走远行的人儿。水面顶着船只，船上的人眼睛看着船外。常德的树木、房屋都在不紧不慢地后退着，前方带着些许神秘，不知道又是怎样一番风情。冬天的风格外的寒，打在身上直哆嗦，新的地方也许会带有一丝暖春的气息。这只不大不小的船跟随着数百只商船组成的船队，在水面上带着热闹的气氛。

在常德无事可做的日子，客栈老板娘的嘲讽更加激起了沈从文心中对理想的追求，受到伤害的自尊心也让沈从文更加想要做出一番事情。沈从文打定主意去保靖时，便由沈从文的七舅妈与客栈沟通欠钱的问题。最后客栈也只得让沈从文离去，他日再还也几乎没有什么可能。

由于开往保靖送军服的船只是沈从文哥哥以前的朋友曾芹轩负责，沈从文得以顺利随船前往保靖。一起同船前往保靖的还有先前保靖派来作译电的沈从文的表弟聂清，现在也随船一起归队。这样一来，同船的都是熟人，沈从文终于逃脱客栈老板娘压制的那份自尊，同时去保靖又离心中想要做的事情近了一步，心情自然轻松愉悦。

临近年关，气候寒冷，船只行走本就不够畅快。再加上从常德到保靖会经过一段十分不好走的水路，船只行走遇到上滩就必须由纤夫来拉，这个时候沈从文三人都要下船以减轻重量。寒风刺骨肆虐，好在经年的热泪滚滚沸腾蒸发成了冬日的笑语。三个人始终十分高兴，时而谈论着各自值得夸耀的事情，时而一同说着乐子。需要走山路时，也依旧兴高采烈。漂泊的日子像雾一样朦胧，像梦一样缥缈，最真实的是辣椒下饭也是香甜的。

　　湿冷的空气交织着河岸边的泥泞，一路看着带着萧瑟意味的风景。缓慢而又劳累的旅程散发着艰辛与欢乐，终于在十几天后，船只到达沅陵。对沈从文而言，故地重游有着别样感慨，格外巧的是到达的那天正好是过年，大年初一。沈从文一行人上岸，在沅陵的大街小巷感受过年的热闹和氛围。一幅幅春联映入眼帘，爆竹声响在耳边。红色在整个城中随处可见，喜气洋溢。沈从文一边也讲述着自己第一次在沅陵当兵的趣事，往日的欢乐缠绵着此刻的喜庆，夜晚也难眠。闪烁的繁星一同享受着这样喜庆的时光带来的欢乐。

　　感受到过年的快乐后，几人也不得不重新回到船上继续赶路，好在一群人玩得开心，谁也未曾动了思乡的愁绪。船只依旧走得不怎么顺畅，路过浅一些的石河滩，总能听到船底划过石头的声音。水路每个路段路况都略有不同，有时船会颠得很厉害，有时候也会较为平缓。

　　每每在平缓的水路上行驶时，沈从文都看着河岸两边的风景，感慨着造物主的神奇，这些景观再次为沈从文的文化地理生活书填上了些许色彩。两岸青山拔地而起，芳草萋萋带着几丝薄雾，白云悠悠地跟着船只一起前行。肥硕的鱼儿欢快地游着，似乎感受不到冷气的袭来。也许是水流的变化让它们忽略了寒冷的天气，只自顾自地游着。偶尔也飞来几只鸟儿喳喳叫上几声，虽听不真切，但看着这光景也十分生动。大自然的襁褓孕育出鸟语花香、遍地生灵的大千世界，仔细聆听就是一曲动人的歌谣。

离保靖越来越近，还有六十多里时，船只突然撞在一块巨石上，"砰"的一声格外响亮。这一下惊动了三人，慌忙来看是怎么回事。掌船的人面色如常，但是花了好大的功夫也没法使船乖乖靠岸。那船只像一个顽皮生了气的孩子一样，一直臭着脸，始终不肯握手言和。好在船只上装着厚重的军服，没有沉没，不过自然是进了水。三个人一身狼狈，溅满了水，互相看着笑出了声。船只又漂浮了几里路，才在浅滩停了下来。幸好还有停靠的地方，不至于使船只一直飘着。

船只停留的地方荒无人烟，但好在也没有土匪山贼，步行到保靖也不算太远。最后就只留了几位纤夫和沈从文一行人一起，其余人和船队先行离开了。沈从文三人和留下来的纤夫一起将船只拆开，用一块块散落的木板搭建成简易帐篷用来过夜。

荒野渐渐暗下来，云彩也披上了衣，慢慢涌上来的夜色为四周泼上浓墨，月儿探出脑袋，圆月暗示着这一天是正月十五。阖家欢乐的日子没有团圆可言，自然失了几分颜色，为了防止野兽突袭，燃起的火堆成了庆祝节日的独特焰火。一束束跳起来的红色晃着眼睛，讲着这一天和过往的这些年交织在一起的故事。夜未眠，阵阵风声似琴弦拨动着心中那份跨越千里的思念，不知远方母亲在温暖的火炉旁如何想念远方的游子。长夜漫漫，这一夜大家都没有入梦。

终于到了保靖，沈从文设法想要作一位军官身边的护兵，希望这样将来有一天自己的才能可以被发掘。沈从文前往另一位在军中作书记的表弟处，与表弟同住在一起。表弟所在的军中有不少同乡人，不过都是身份普通，在军队中吃一份口粮的人。虽是如此，但听说沈从文想要在军中军官身边作护兵，还是都尽心尽力地帮助沈从文。总之，每人借一样东西，军服就这样凑齐了。沈从文本就在军队中待过不短的时间，穿着军服那股精气神便出来了。可惜即便如此，沈从文也未能如愿在某位军官身边成功当上一位护兵。

表弟也是用心至极，带着穿戴好的沈从文一处处拜访、引荐，但每次得到的都只是托辞。因为其中大部分军官都熟知沈从文的父亲，将沈从文留在身边作护兵，将来如果不小心碰面了会不好意思。还有就是有些军官已经有苗族人和亲信作护兵了，不用再多加一人。这样一来，沈从文只能先与表弟同住，往后再继续寻找在军中做事的机会。不过这又是一场十分漫长的等待，沈从文再次一边煎熬一边等待，在军中四处闲游。宝剑锋从磨砺出，岁月无声的痕迹是打磨宝剑的利器。终有一天，宝剑的光芒会被发现。

时间一步一步地走过，带来了许多，也拿走了许多，人们喜欢和不喜欢的都尽数包含其中。年轻的生命蕴藏着厚积薄发的力量，脚步不知要迈向何方，明确的方向是未给出的答案，前行是潜意识的驱动。

沈从文也是如此，生命的终点在哪里，没有人可以猜透，迷茫中夹杂着困惑，但只要前行就是好的。可是，此刻对于沈从文而言，时间似乎停滞了。

沈从文不得不重复在常德闲逛的数月，在保靖也不得不继续无事可做的日子。但停留有时候也是为了等待一条走得更加顺畅的道路，沈从文这段时间的煎熬就是为了这份期待，生活总有令人无奈的时候，只要不心灰意冷，生活最后还是不会抛弃那些不应当被抛弃的人和事。

在很长一段时间里，沈从文从常德到保靖都过着很艰苦的生活。常德时总是受到客栈老板娘的白眼，在保靖虽然不用看别人眼色，但生活都要靠自己解决。沈从文与表弟同住，有一次两人吵架，谁也不肯相让，沈从文赌气便去马槽，睡在干草上，闻着粪便味和马过了一夜。两人过后便和好如初，那一夜与马共眠也成了沈从文绝无仅有的记忆。同样，吃饭也是要自己去寻的，沈从文常常是饿着肚子的，常常只要在同乡或者熟人那儿看到有可以吃的东西，就直接去吃。沈从文这样在保靖生活了差不多半年之久，才终于有正事可做。

生活上都是自力更生，日子虽然苦一些，但比起常德却多了一份欢乐。

沈从文接触到的大多是身份普通的人，感受最深的是大家的真实和淳朴。那些日子无忧无虑的嬉戏打闹，洋溢着最美的笑容，在沈从文心中留下美好的一隅。那份真诚爽朗的性情是沈从文记忆深处永远不会忘却的最真实的故事。

沈从文表弟是军中书记，沈从文也经常帮助表弟和其他书记抄写一些公示和一些不太重要的文件、书函。有一天，沈从文正伏在桌面上抄写东西，突然有位高级参谋进来询问沈从文。

沈从文害怕暴露自己闲人的身份连累大家，表示自己只是来这儿玩，顺便帮忙抄写，书记官也帮忙打圆场。没想到这位参谋与沈从文有些亲戚关系，看沈从文的确字写得好过其他人，格式也都正确，于是便让沈从文做了工资一月四块的司书。沈从文也是后来才明白其中原因。熬了大半年终于有了工作，沈从文心里总算舒服了许多，许久的等待终于有了结果，大半年来的努力也算是没有白费。

没过多久，沈从文得益于字写得好，工资涨为一月六块。沈从文也更加认真地练字，还打算攒钱来买一本字帖。司书工作沈从文做起来得心应手，生活也过得有滋有味。有了工作，一切都感觉比之前更加顺心了。

时间悠悠地一直向前走着，欢声笑语伴着一草一木的生长。热闹的日子总是过得飞快，有时候需要抄写的文书很多，需要所有书记和司书一起不停歇地抄，往往也会有其他队的书记来帮忙。其余时候也是十分清闲，大家便一起结伴出去找乐子。工资大多都会拿出来一起热闹，凑在一起买狗肉来炖，还有请大家去面馆吃面也都是常有的事情，沈从文也都是如此。微薄的工资本就做不了什么，也不知道如何花去，便统统用来找乐子了。

天气若是晴朗，附近的山也是好去处，尽管无非就是一伙人一同出去走着跑着，互相追逐着讲着新鲜事，但这对于他们而言就是一种开心的消遣。二十岁左右的年龄，时间是嚣张放肆的，无事可做的时候就纵情享受年轻带来的美好，不去管还有多少时间握在手中。

时间的琴弦在手中拨动，化作一个个音符飞往天际，消散成云，化为雾，化为风。记忆中的光阴总有一天会在静坐着的石桌旁一一浮现，化作思念，化作爱。

岁月将一切酝酿得更加深沉，当初只是普通的欢笑，发酵后会是永远无法抵达的简单和欢快。无论心中是否留存梦想和抱负，无论是否安于现状，随遇而安，活在当下，可以开怀大笑的日子就是最值得珍惜的时光。

保靖的生活对于沈从文而言是平静的，没有滥杀、没有战乱，只是在军队中抄抄写写。这段光滑而不加修饰的时光，带走的只是一去不复返的时间，留下的是满满的欢乐和平静的生活。浮萍岁月中的短暂安稳推着水波轻轻地流动，沈从文知道自己要闯出一番天地，却不知道怎么闯，也不知道究竟要闯出怎样一番天地。不过这些都没关系，因为在不知道方向如何的时候，生活的脚步会走向前行的道路，这段平静的生活是时光匆匆流逝时暂时的停驻。

2. 在新的世界贴上自己的标签

　　生命是一座无限延伸的桥，每一段路途都有着别样的风采。选择行走或者停留，生命的轨迹也因此变化着。日出日落，每一天都是新生，看着云，吹着风。空气中弥漫的是时光独有的芬芳，过去的日子刻在脸上，留在眉间，成为别人眼中的风景。生活在继续，时间在行走，生命就这样不由自主地留下了许多印记，一个个脚印连成串后才明白其中某个脚印的意义。从一个地方到另一个地方，生命像一场漫长的旅行，你将在新的世界，贴上自己崭新的标签，遇见未知的自己。

　　沈从文在保靖待了一段时间后，再次面临生活中的又一选择。当时，有位在参谋处的同乡，问沈从文要不要随军队一起前往四川，正好还差一个收发员，而且将来若是想要回来还可以调回湘军来，一月可以有九块钱拿。这将是新的方向，新的体验。月光皎洁，夜色朦胧，离开与留下都只是一个简单的决定，不过未来会有许多不同。人生就是在这样一个个分岔路口不断地做出选择，走出自己。放眼未来，生命存在无数的可能性，只是我们的选择每一次都十分有限，选择了就是不同的道路与别样的人生。

　　不过沈从文当时并未多想，离开保靖前往四川，是听到这个消息时便有的决定了。有时候决定一件事情的初衷十分简单，沈从文当时就是如此。当然离开保靖的决定也不是随意做的，自然是有原因的。沈从文先前随湘军也去过那一带的边境地区，那时候感觉生与死就是命运的抉择，死亡的降临突然而又戏剧，没有任何虔诚的仪式与祈祷。

沈从文躲过一劫，甚至都没有负伤。对沈从文而言一切都得益于命运之神的眷顾，感觉自己像是捡了一条命一样。即便此次前往川东一带丢了性命也没有什么可伤心的，危险便不是沈从文考虑的问题了。将生死置之度外，自然也就抛开了一切潜在的顾虑，沈从文对于这次前往川东一带充满了期待，也十分兴奋。

沈从文想去川东一带真正的原因有二。一是为了自己心中的抱负，二是想要见识巴蜀地区的风貌。当时愿意随部队前往川东一带的军中人士，要么为了前去发一笔横财，要么为了能娶到那儿的姑娘作媳妇。沈从文不知道用钱来做什么，自从被骗了钱离开芷江后，就不再对女孩子感兴趣了。

沈从文唯一想要的是得到上级或者某位高官的赏识，可以有施展才能的机会。之所以很想要见识巴蜀地区的风貌，源于儿时听去过那一带的小伙伴们惟妙惟肖的描述，那些话语点燃了他心中对巫山巫峡的向往，这种向往是自然的，没有见识过的风景永远是好的，没有走过的路总是想要走一走，一切都是好奇心的驱使。其实，去川东做什么差事，一个月拿多少钱都不是沈从文关心的问题，对于沈从文而言这已经是十分坚定的想法了，因为既然已经答应了同乡要去就不再反悔。在还没有足够懂事的时候，做一个决定往往是十分简单的。

白露打在凋零的枫叶上，树木屹然而立。巫峡两旁的山气势恢宏，透着险峻的味道，看到便生出了几分崇敬。不知道唐代诗人描述的巫山巫峡会不会是沈从文向往的风景。军队出发前，提前支给每人一个月的工资。沈从文拿着九块钱给自己买了一双一块二的丝袜，又买了半斤冰糖，剩下的钱便放了起来。沈从文这次带的全副身家是很令他自己满意的，不仅是当时，沈从文后来在自传里也讲到，这份身家现在说来依然十分动人。

关于这份身家，沈从文在自传中是这样描述的："我那包袱中的产业，计旧棉袄一件，手巾一件，夹裤一件，值一块二毛钱的丝袜子一双，青毛细呢的响皮底鞋子一双，白大布单衣裤一套，另外还有一本值六块钱的《云麾碑》，值五块钱的褚遂良的《圣教序》，值两块钱的《兰亭序》，值五块钱的虞世南《夫子庙堂碑》。还有一部《李义山诗集》。包袱外边则插了一双自由天竺筷子，一把牙刷，且挂了一个碗底边钻有小小圆眼用细铁丝链子扣好的搪瓷碗儿。这就是我的全部产业。这份产业现在说来，依然是很动人的。"

路上照旧是随军队一伙人一起行走，差不多走了有六七天，终于到了湘黔一带。其中，路过了湖南、贵州、四川各边境地区。一路上，沈从文又看到了许多不曾见过的景观，有些奇特与美好在往后的十多年里都未曾从记忆中散去。在过河走水路时，用木头编成木筏来渡河，这样的景象沈从文后来在《边城》里有过描写，可见这些带给沈从文的印象之深。最为奇特的景色是在湘黔边境有一处高坡，名叫"棉花岭"，大概是因为那段路上有许多小山，远看像一朵朵未采摘的饱满棉花。它的奇特之处在于爬上高坡后从上往下看可以看到许多小山，小山间又有云雾环绕，像是在高空中看到人间仙界。

到达川东后，军队暂时驻扎在龙潭，办事处在一座戏楼。因沈从文经手的文件也不是人人都可看的，为了保密，沈从文也住在戏楼。同住在戏楼的都算是军中官员，大多是高官，还有就是他们身边的随从。沈从文的工作也算是清闲，只用将收到的信件登记在一个记事簿上，标注清楚哪一天收到何处的信件，主要有什么事情即可，寄出去的信件也做好备注。沈从文住在戏楼最后一间房，房与房用木板隔开，沈从文房中墙上贴了许多自己写的字。当时沈从文的确有着年少轻狂的一面，曾在一张字条上写道："胜过钟王，压倒曾李。"钟、王二人指已经逝去的知名书法家，而曾、李二人是尚在世的书法家。当时沈从文知道的那个时候因写字而出名的人就这几位，自信将来有一天可以超过他们，这样自己便是写字最好的了。

　　沈从文不论到哪里，总会被某处自然景观吸引。这里也有河流，沈从文十分喜爱去河边坐着，看着河岸和石滩的景色，不同时间，天空和阳光变换着不一样的美，勾勒出全然不同的画面。有时有船夫前来，更是为画面添了一份动感和生气。

　　奇妙的是，这样一幅光景竟然可以同时带动心中的欢快与忧愁。只要静静地坐着，就是享受其中。流动的河流和静止的云都独具一份缓慢、安静的美丽，沈从文喜欢的大概就是这处可以让心平静下来的风景。岁月静好，这就是最好的诠释。每日如此，每年如此，重复了千万年才得以有了这份独特韵味。

　　在川东待着的日子，留给沈从文印象最深的人就是"一个大王"，这个名号是沈从文在《一个大王》中这样称呼的。此人本名叫做刘云亭，原本是老实人，在被军队抓去杀头的时候自己逃了出来，逃出后不久就伙同一些人占山为王，成了匪。他个子偏矮，黑黝黝的，但是一双放着光的眼睛彰显出他的勇气与精明。那份勇气和胆量绝不是随便说说的，他曾经一个人用两支枪杀死了两百多人，都是敌人，还曾有过十多位压寨夫人。后因为司令官救过他一条命，他便抛下了"大王"这个称号，在军中作司令官的亲信。因为这份恩情，他肯在司令身边做个忠心耿耿的差使。这份情义也着实难得，可见这"大王"也确实是有情有义之人。对于这种性情中人，大多数人都会怀有一丝敬佩之情。这份传奇般的人生经历自然也吸引了沈从文。

在军中很少有人敢招惹刘云亭，刘云亭还经常为别人打抱不平或主持正义，每当刘云亭出面，大家也都作罢。闲来无事，他总是去沈从文房中谈天说地。在沈从文心中，这位"一个大王"最值得津津乐道的便是他在军中的那两段风流韵事。

第一段风流韵事，害得那女子丢了性命。那时候听说川军中有位特别不一般的女犯人，上上下下许多军官都对她有爱慕之情，还有两位小军官因此送了命。该女子算是军中难得一见的美人，虽然不算有天仙之姿，但也是不常见的标致姑娘。看不出的是，这女子十八岁时便做了匪首，性格也十分泼辣，本是应该杀头的，可当军队知道她手中有不少枪支时，便想设法从她手中拿到这枪支，那些枪支当时可值上万元。

女匪被关的那段时间，大家饭后谈资都是关于女匪。沈从文也开玩笑讲自己想去见见这女匪，没想到没过多久沈从文倒是真的见到了这女子。有一天，刘云亭神神秘秘地带着沈从文出去，并且告诉他可以见到想见的。只见刘云亭带着沈从文到了一处寺庙，外面还有川军驻守，刘云亭似乎和他们已经非常熟悉了，打过招呼后便进了寺庙。沈从文进去后看到了一位女子，这便是那女匪。女子面对着墙，桌上摆着蜡烛，只有一丝光。看不太真切，只知道好像是在做针线活。刘云亭唤她"幺妹"，她转过头来露出略微诧异的表情，似乎是没想到沈从文会一同前来。这样一来，沈从文在模糊间看到了女子大致的样子，只记得脸很白皙，眼睛很大。最称奇的是身段，很少见到长得这么匀称标致的。不大会儿后，沈从文先行离开。

第二天一早沈从文正在吃饭，便听说那女子要被杀头了。沈从文不信，跑出去看时，已经有人将尸体进装棺材了，鲜血也已经凝固，蒙着一层白灰。沈从文实在不相信，明明昨天才见过，今天就这样死去了。

据说，女子死前一句话也不说，十分平静，头砍了之后，身子一直都没有倒地。这些使沈从文十分慌乱，马上跑去找刘云亭，刘云亭却一句话也不说。直到七天之后，刘云亭才肯出来。跟沈从文说是自己对不起那女子，哭了整整七天，现在好了。刘云亭承诺救这位女子出去，然后一起潇洒，兑现诺言的机会再也没有了。

这段爱情故事在沈从文心中留下了深刻印象，又唤起了他心中对于爱情的某些信仰。原来刘云亭不知怎么认识这女子，知道她手中有枪支，便告诉她自己也有许多枪支藏在某处。两人说好由刘云亭设法保她出去，然后一起去作匪，下半辈子逍遥快活。可惜还没有实现，这女子就已经死去。女子的死是因为晚上与刘云亭亲热，被他人发现了，这一行径惹怒了川军，找不得刘云亭麻烦，便一气之下杀了那女匪。萧瑟的风吹过，刹那间花白了谁的心，弹指之间的爱恨延伸了谁人的落寞，缘起缘灭，美丽的故事守候着谁的牵挂，藏在心底的情愫拉伸出无尽的思念。

另一段不算太出奇的风流韵事则让刘云亭结束了生命。那时沈从文已经在此处待了大概有半年，生活似乎并没有想象中的满意。一直想要看的巫峡还没有机会看到，虽然在军中有许多熟人，但每天基本都是写字和吃喝。正巧有可以调回的机会，沈从文便决定重回保靖。刘云亭此时正与一个洗衣妇人相好，只是没想到这洗衣妇人的亲属知道了，不同意他们在一起，在司令外出时拦路告状。司令官得知此事后，告诫刘云亭军队是在地方做客军，不得胡来，会影响军队在当地的声誉。刘云亭不干，便开始四处声张说想要做什么是自己的自由，旁人无权干涉，司令如果不同意，自己就请长假离开军队，回去做老本行。

没想到的是，司令真的准了刘云亭的假，于是，刘云亭准备和沈从文一同出发。出发那天，两人兴高采烈地一同前往渡口乘船，刘云亭对沈从文有说有笑。结果刘云亭刚出门便被绑了起来。刘云亭见状，忙向二楼高呼，求大家为自己向司令官求情，司令官出来后，刘云亭依旧大喊大闹。司令官向二楼各位军官笑着打完招呼，说："刘云亭，不要再说什么话丢你的丑。做男子的做错了事，应当死时就正正经经地死去，这是我们军队中的规矩。我们在这里作客，凡事必十分谨慎，才对得起地方人。你黑夜里到监牢里去奸淫女犯，我念你跟我几年来做人的好处，为你记下一笔账，暂且不提。如今又想为非作歹，预备把良家妇女拐走，且想回家去拖队伍。我想想，放你回乡去做坏事，作孽一生，尽人怨恨你，不如杀了你，为地方除一害。现在不要再说空话，你的女人和小孩我会照料，自己勇敢一点做个男子吧。"

听司令官说完这些话，刘云亭也不再多说什么，只跟大家告了别。"一个大王"就这样丢了性命，最后沈从文一个人离开了这儿。"一个大王"的故事是传奇，也是悲壮，不能不说是儿女情长，英雄气短。人生短短几十年，有时候一念之间就选择了岐途，占山为王。英雄难过美人关，在那个年代，有众多压寨夫人也算说得过去。遇见救命恩人，便跟随恩人一路，那份特别的爱情和那份多少糊涂的风流韵事却害他最终被杀。谁也没有想到，杀他的会是救命恩人。那司令也预想不到，后来自己也死在了这方土地上。

生死契阔，与子成说；执子之手，与子偕老。壮阔的誓言等不到爱情的细水长流。一缕青丝，几盏灯火，看不完的滚滚红尘，惊鸿一瞥，只剩匆匆，动人的情话最后只剩一片灰烬。

3. 最值得纪念的人

前方是一片故土，风的声音呼唤着阔别已久的人儿。船只离岸越来越近，沈从文再次回到保靖这片土地。每一次离开和抵岸都是新的选择。数不清的日子，漂泊和远方都成了常态，邂逅便是新的未来。

梦中期待的巫峡成了遥远的梦境，船只已经渐行渐远。风清云淡的天带着蓝，独自一人倒也习惯了，毕竟这几年看过了太多生死，也有许多遇见与分别。时光匆匆离去的脚步往往使人发现一些一直没有看到的东西，那份触动带来的力量是巨大的。那个曾经常常逃学的沈从文，终有一天顿悟了书中那些文字更深刻的含义。

沈从文到达保靖后有了新的职位，在陈渠珍身边作书记。陈渠珍是沈从文一直以来都很敬佩的人，被人称为"湘西王"。后与熊希龄、沈从文并称为"凤凰三杰"。沈从文在常德时便听说陈渠珍的名号，最初来保靖，沈从文就十分想成为陈渠珍身边的一位护兵，可惜未能如愿。沈从文工资照旧是一月九块，不太相同的是，在军中做书记比之前其他地方更忙一些，好处就是有很多接触陈渠珍的机会。

亮起的黑眸，笑弯了的眼，不停地闪烁着光芒，一点一滴的智慧浇灌着灵魂与精神的那方净土。这样美妙的光景，如同武陵人意外进入的桃花源一般，吸引着无意中看到这儿的人。沈从文这次在保靖便意想不到地看到了知识与学问的光，这也是沈从文第一次与之这么近的接触，这些带给沈从文从来没有过的感受，也带给沈从文许多新的想法与认知。这一切要先从沈从文在陈渠珍身边做书记开始说起。

军中书记工作相对繁忙，有时候会有更多的文件要处理，因而也会失去许多自由，不管什么时间都可能有紧急文件要处理。有时候大半夜还要整理、登记、书写，这样一来，沈从文不能像以前一样，随时可以外出找乐子，感受不同地方的文化风貌。无论白天晚上，大部分时间沈从文都需要待在会议室中，至少要在附近。晚上，沈从文便睡在会议室中。偶尔开会时，机要秘书不在，沈从文还要代替机要秘书来记录会议。有的时候会非常忙碌，没有空闲时间，即便有空闲时间，也不能随意外出。

那么，不能外出四处玩耍，在会议室中的空闲时间。沈从文就要找其他事情来做了。陈渠珍是十分喜爱读书的人，读书基本会占据生活中的一半时间。会议室中也有五个楠木大橱柜来盛放书籍和艺术品，其中藏有宋、明、清时期的许多字画还有碑帖，古瓷和有些年代的铜器也有不少，书籍也有十来箱。这些物件的编号登记工作也由沈从文完成，记录时需尽量详细描述物品信息，沈从文也就此学到不少以前不知道的东西。平时，沈从文也要帮陈渠珍抄录一些古籍，慢慢地，沈从文便可以读懂这些古籍了。

时间久了，沈从文在这里的确也学到了许多知识。开始了对生命和世界新一层的认知，脑海里的一些思维和想法与以往已经渐渐不同了。

没有事情做的时候，沈从文便会来读书，或者仔细欣赏这些数百年前留下的古韵。时间久了，书画中沉淀出的那份独特韵味自是深厚，只是看着就浮想联翩。几个世纪积累的文化与艺术，轻轻叩动着沈从文的心房，却那么有力。有一些说不清道不明的东西正在一点点渗入沈从文的心房，触动着神经，那些不知名的小分子在四处窜动。沈从文想要接受更多熏陶。经历了几个朝代的墨迹，依然如当时那般有力，每一滴墨都是岁月精心研磨出的生动，刹那间抚平了心中的波动。思想开始有了变化，心灵被纯净的泉水荡涤了一番又一番，开始了真正的平静与思考。

这段日子，沈从文最明显的变化就是心静了许多，不再胡闹与疯跑。就是偶尔外出，也只静静地坐在河边，看着天空。或者更简单地沿着河走走，甚至还随身携带书籍，显然沈从文已经进入了另一个世界。心灵的满足和求知的欲望掩盖了外面喧闹的世界，传统文化深深吸引了沈从文，也影响了沈从文之后的写作风格。文化与精神的积淀丰富着心灵的天地，筑起更加多彩的世界。悠扬的琴声在蓝天下被风吹散，拨动了沈从文心中的弦。文化的滋养在沈从文心中种下了新的种子，等到春风拂面而过，必然渲染出新的颜色，为生命填充鲜艳的画面。

聂仁德的出现，为沈从文这一期间的求知又添上了一抹亮丽浓厚的色彩。聂仁德也是凤凰人，是清末民初的知识分子，在辈分上是沈从文的三姨夫，也是陈渠珍以前的老师。因为生活在新旧交替的时代，聂仁德在传统文化和新式西洋文化上都有很深的认识。此时恰巧路过保靖，便小住了些时日。

在这位三姨夫在保靖期间，沈从文只要有空便跑去其住处，听聂仁德讲旧时与现在的文化，感受多元化的思想。时不时两个人在一起讨论，一整天就过去了。沈从文有不懂的便问，聂仁德也很有耐心地一一解释给沈从文听，两人处于一种十分和谐的状态，一个十分喜欢听，一个又十分喜欢讲。不久前沈从文才领悟到宋元时期画作的美，如飘洒过一阵细雨，浇灌着内心深处有些干涸的学识之地。现在，沈从文又漂游在宋元哲学、理学的世界中感受思想的碰撞。这些感觉像走入未被开垦的原始森林一样，四处都是茂密的树林，脚下是肥沃的土地，还有许多不知名的参天大树，高耸入云，让人流连忘返。

程朱理学、相对论，不同时期却同样伟大的思想，游走在沈从文脑中，有些混乱，却又感觉十分丰富。智慧开始在心中、脑中积攒，一点点挖掘着属于自己更深层次的思想。淅淅沥沥的雨一直在下，埋藏已久的种子开始生根发芽，汲取着营养，总有一天会开出美丽的花儿，留下满满的芬芳。有了之前书本知识的积累，与聂仁德的交流加速了脑中知识的流动与吸收。沈从文陶醉在这种感觉之中，体会到越多，越能感知到生命中的事物，丰富了自己的思想。

聂仁德疏通了沈从文的知识脉络，传递给沈从文许多新的思想。在这之后，沈从文被派到报馆兼做校对。这个时候，沈从文认识了一位年轻的印刷工，两人同住在一起。沈从文在这位年轻人身上又学到了许多当时先进的思想。这些点燃了沈从文心中的丝丝火焰，连成一片新的风景。

起初，沈从文与这位年轻人也不熟悉，两人之间也并没有过多的交集。到了晚上，两人会在同一张桌上一同看书，看的内容不同，两人也相安无事。当时，沈从文看的还是从会议室中拿来的一些古籍，而这位青年看的都是一些新出的杂志与书籍。显然，这是一位深受"五四运动"影响的青年。慢慢地，两人熟络之后，沈从文便开始问一些问题，大多是关于青年看的那些新书，比如说《创造》和《新潮》。青年也大概跟沈从文讲述一下这些新文化、新思想，还有白话文。沈从文开始读青年读的一些书，读着读着竟发现这些比古籍更加吸引他。

这是真正与智慧的触碰，不再是大道理或者人生哲学。这些新书充满了一个个当代人的思想，每个人从自己的角度去看待社会中的大小问题，提出许多人们不曾设想过的想法。这些真实又现实的问题一个字一个字地摆在纸上，离自己很近很近，这份没有距离的新思想彻底触动了沈从文的内心。

这一次，沈从文看到的是一个个铅字背后凝结的智慧。沈从文崇拜这些文字背后的作家，他一一记下他们的名字。崇拜是因为一个人竟然可以懂得那么多，写出那么多有思想有价值的东西。这个时候，沈从文真正认识到了思想与智慧的作用，比起权利，智慧更令他神往。

像寻找甘露的人儿，拖着饥渴的身子到处奔走，补充着水分，每到一处都喝足水后开始欢快地玩耍。玩耍了许久，收获了许多乐趣，继续跋涉，突然看到了梦中出现的甘泉，清澈甘甜。

沈从文这一次是找到了自己错过许久的心头爱。在沈从文还在芷江时，偶然听到五四运动的传闻，不过当时沈从文还是在和屠夫一起大笑，什么都没有意识到的样子。现在，在五四运动已经开始三年多的时候，沈从文突然被这种先进奋发的思想深深吸引了。

这不仅是一片新的天地，更是可以满足沈从文需要的精神营养，这是更大的世界，里面有着这个时代有理想、有抱负人士最真实的向往。五四运动这股浪潮吸引着许许多多的年青人，在看不见的远方轻轻为他们拨开了迷雾，让他们看到了远处的风景究竟如何。这份独特的吸引力成功吸引了大家，新的思想带领着怀着这份信仰的每个人走向自己内心最深处的渴望。

　　这段时光对于沈从文之后的人生无疑有着非常大的帮助，甚至可以说，因为这几段机缘巧合的经历改变了沈从文此后的人生方向。一个人要弄明白自己真正想要什么，首先需要接触到可以看见这样东西的事物。这些知识、思维、思想让沈从文看到了智慧与文化的力量。

　　这份智慧是隐藏于阳光之后的光芒，照耀着许多看不到的地方。闪亮的光斑打在树叶上，星星点点的光连成一片，孕育着希望。竖起的旗帜上，洋洋洒洒的大笔写着高唱的信仰，迎风飘扬。曲径分明的道路，想象中春风阵阵、花开遍野的芳香不知何处才可以寻得到。好在现在至少闯入了一个如想像中的梦一般美好的殿堂，在这儿没有鸟语花香，只一双智慧的眼眸，一眼万年。

4. 朦胧的哀愁与沉思

风轻轻吹拂着紧皱的眉头，想要化开眉间那丝愁绪。刚接受了许多新思想的沈从文明白了许多，多了份对未来生活的明确，也多了份迷茫。无忧无虑的日子是蓝天白云下的天真无邪，懂得了许多后，新的世界给心灵种下丰富多彩的种子，也多了更多的空白。沈从文开始有了不同以往的想法，开始认真思考，这种思考与曾经的各种想法都不大相同，更加的深层次，带着新的思想与智慧。

沈从文在报馆接触新思想，读着新式文章，同住的青年告诉沈从文，白话文更多地表现的是思想，没有思想，就不算是什么白话文了。沈从文读了许多新的杂志、报纸，慢慢领悟白话文所表达出的思想，一边感慨着这些人的智慧，一边又比较着文言文与白话文之间的差别。

沈从文正沉浸其中，仔细体会这般韵味，还没有琢磨透，就又被调走了。沈从文在报馆呆了三个月左右的时间，军部抄写文件的部门缺人手，陈渠珍便又将沈从文调回来，重新开始抄抄写写的工作。这份工作对于现在的沈从文而言似乎变得枯燥与机械了许多，沈从文的思想不知不觉间早已发生了变化。

花开烂漫，枝头长出嫩叶，春风拂面，沈从文来不及多看当下的新书，便开始了忙碌的工作。春天也还未等花满枝头，夏夜的星辰便亮了起来。各式各样要抄写和回复的文书实在是太多了。

沈从文每天只能窝在会议室中不分黑夜白昼地写着，也不顾手上的酸痛，加急和必须抄写的东西太多。

墨汁一点点下降，纸张也一沓沓减少，手上不小心溅到些许墨汁，来不及擦去，又开始奋笔疾书。工工整整的字迹下是疲惫的心灵，纵使十分劳累也未想到要停笔，沈从文只知道这些文件是不能耽误的。顾不得想太多，只是出于本能，不停地抄写，想要尽快完成任务。时间走得飞快，也许是因为沈从文太过专注，白天夜晚就这样不停地交替着，沈从文往往写了许久，才发现一天就这样过去了。这样抄写，身体自然是支撑不了的。

果不其然，沈从文渐渐感觉身体不适，头昏脑涨，医生说是风寒，后来的情况更加糟糕。劳累过度，再加上季节交替，沈从文就这样病倒了。这一病可让沈从文在鬼门关走了一遭，几天后，沈从文躺在床上神志不清，昏昏沉沉的。

沈从文就这样躺在床上像昏迷一样，直到第七天才睁开了眼。身边围着照顾的，是沈从文平日关系好的四个朋友，在其他人慢慢地疏远沈从文的时候，他们一如既往地和沈从文交好。

沈从文一睁开眼就听到大家急切地问候，听到自己已经在床上躺了七天，看到大家十分着急的表情，沈从文知道这几天多亏这几位朋友照顾自己，这份关怀沈从文记下了。在身体极度不适的情况下，几位朋友如此体贴的照料，深深感动着沈从文。这份深情便是不离不弃最好的解释。

这场病痛是沈从文经历的一次磨难，沈从文已经看到从墓地伸出的藤蔓，民间有说法风寒七天不死，便是没什么大碍了，幸运再一次降临，使沈从文熬过了七天，睁开了眼。但这病的过程还是折磨人的，沈从文非常虚弱，需要有人贴身照顾，和沈从文关系很好的一位回族同乡一直在照顾他，甚至还端屎端尿。其余三位朋友也经常来看望他，陪沈从文聊天说笑。沈从文不得不一直躺在床上休养，做不了其他事情。这样的状况差不多维持了四十多天，沈从文才完完全全好起来。但这次生病让沈从文的体质更加虚弱，甚至为以后留下了隐患。

朋友之间的温情，是病痛过程中感悟最深刻的，像春天漫地的花儿突然爬上了枝头，芳香洒在鼻尖，轻轻嗅一口，便滋润了整个面庞。仲夏夜，窗外蝉叫声生动了整个夜晚，躺在病床上这倒也成了一份享受。朋友的温情像一床温暖的被子紧贴着沈从文的心房，唤醒了被病痛折磨的躯体，温暖汇聚成光束渗入了肌肤。青春年华，一起牵手度过的日子都是幸福的，悠悠长河，若见过这样温柔的一江春水，怎会忘却？

沈从文还沉浸在友情筑起的暖巢中，命运却先带走了一部分温暖。不久，沈从文病好之后，大家一起去河边玩耍，和沈从文同去的正是生病时照顾他的四位朋友。河水十分湍急，有人提出下河泅水，有人开始阻止，因为水流又大又急。最后有几人不相信河流能将自己怎么样，开始下水。站在河岸看到有人开始沉了下去，沈从文开始不安，希望不要有什么事情发生。从小靠水长大的孩子，水性自然都是不错的。可是，转眼间，沉没下去的人就再也未见踪影。大家慌忙开始寻找，却怎么也找不到，沈从文开始担心、害怕。果然，几天后有人在下游看到了尸体。

葬礼是沈从文主持的，沈从文哭得厉害，一条鲜活的生命再一次消失在自己眼前，还是十分要好的朋友。命运的诡谲之处是对未来的一无所知，生命可轻可重，沈从文似乎看见这位逝去的朋友在河中欢快地玩耍，一直笑着，挥手告别。燕子飞过，一圈又一圈；泪滴洒下，湿了衣襟。风仃立在一旁不肯离去，打着柳枝飞来飞去，撒下许多柳絮，像是白色的片片愁思。沈从文眼眸望着远方，嬉笑和哭泣都寂静了，最痛苦的安慰莫过于节哀顺变。炊烟袅袅，却再也等不到归家的游子了，长眠于地下，葬身于深水。

泪水是未风干的萧瑟，黄昏的河水映着光向远处流去，生死的沉重不是所有人都可以释怀。沈从文终于忍不住开始哭泣了，放声大哭，想将一切随着泪水的流出而遗忘。脑海中闪过一幕幕鲜血流淌的画面，从家乡开始革命时，沈从文便见惯了鲜血和死亡，这一切都没有在沈从文的心中留下什么恐怖的记忆，司空见惯了。可是眼前这个人，已经不是当初要看热闹、看杀人的那个沈从文了，这些曾经平常的杀戮，在积攒了这么多年后，一股脑翻山倒海般砸了过来。一幕幕展现在眼前，感触比眼前深了许多倍，许多无辜的人们，还有那些和自己要好的人，就这样一个个丢了性命。一个个面庞来到自己的生命中，又不着痕迹地离去，自己像是短暂燃烧的烟火中幸存下来的那一个。

少不知事原来是不明白这些梦背后的感情，要等到多少年后才敢去回忆。也许当时的无关紧要，早已成了心中抹不去的情谊，很多东西都是慢慢发酵，才有了另一番感觉，感情与深藏心底的记忆也是这样。

年少的梦要多少年才能花开。沈万林、文颐真、刘云亭还有那位刚刚离世的伙伴，那些音容笑貌还深深刻在脑海中，可今生却是再也不能相见了。而自己又是为何来到这里，沈从文开始思考着自己的人生和未来。生命留给沈从文太多太过真实的感知，最直接的是生与死这样的大事，太过频繁地看见死亡，忘却并没有成为习惯。

　　漫长的旅途，几年的时光，跋山涉水走了许多路，看过许多人，心中的风帆向往的远航，不过是更好的生活和更好的自己。一次次的离开与启程只是想要做出一番事业，而这事业不过是想得到上司的赏识，一步步升到还不错的官位，这就是过去自己想要的。这些未免太过世俗，沈从文思索着，自己真正想要的是什么。

　　最初来到这儿，仅仅只是觉得这的队伍与以前呆的军队大不相同，在这儿呆了许久后，发现军纪虽然比以前的军队好许多，可还是有相同的地方，还是不够严明。沈从文接触到的新思想告诉他，也许他可以离开这里，追求自己真正想要的生活。心中隐约有个声音告诉沈从文，应该去一个地方接受教育，接触更多的新思想。那个地方就是——北京。那个地方有着近乎神圣的意味，前朝的故都，现在理想的天堂。那儿，是新青年向往的地方。

　　沈从文有了想法后，思索了许久，决定前去找陈渠珍商量，沈从文颇为忐忑地告诉陈渠珍自己的想法，没想到陈渠珍竟然一口就同意了。陈渠珍支给了沈从文三个月的工资当路费，鼓励沈从文去读书，并说会寄钱给沈从文，如果将来没有工作还可以回来做事。于是，沈从文离开了保靖。

　　沈从文从保靖到北京，路过沅陵时见到了自己的父亲，两人多年也就这一面之缘，之后，便再也没有机会见到了。这时，母亲也带着妹妹和父亲一起在沅陵住下了。父亲与沈从文讲了许多不曾讲过的事情，也包括沈从文那苗族出身的祖母。这些沈从文倒没有多大的触动，许多事情见多了，便不再容易动情了。

　　沈从文对于父亲的记忆只有儿时的片段，现在再次见到也说不清什么感觉。离家数载，对于沈从文的影响是不可估量的，若非如此，沈从文可能现在还是那个淘气的少爷。多年未接触到亲情，似乎成了一种习惯，父亲的谈话对沈从文留下的影响也许不够深刻，但也是有触动的。

时隔多年，这样近距离地看到了父亲，岁月走过的痕迹印在每个人身上，这本身就已经可以引发无数感慨了。

离开保靖与以往的漂泊大不相同，以前的选择让沈从文到了一个又一个地方，过着不一样的生活，丰富了内心的世界。这些算是没有灯塔的航行，只能算是漂流。而前往北平是看着远方明亮又渺小的光点，航行的目的是为了更加接近那束光芒。那束光芒代表的是心中的希望，是沈从文理想的一角。这次的出发是为了到达终点，完成心中那个遥远缥缈的梦。窗外的风景是动人的，理想的前方更让人心弛神往，迫不及待。

仲夏之夜的浪漫，伴着飘零的花瓣翩翩起舞，残留着最后一点风的气息。夜幕降临，静谧的时光柔和了天色。

思索，望见更远的远方；行走，抵达希望的彼岸。北平只是一个名词，在无数的空白与黑暗中却带给人们无尽的希望。黑夜中的微光，是指引心中方向的启明星，带着梦想，翻山越岭，踏遍千山万水。

远方，也许又是一处漂泊歇脚的暂住地，但只为了心中的那一丝光芒能带来的希望也甘之如饴。

第四章
文学之光·沉思里觉醒的笔墨

1. 在北京城里根植梦想

月亮依旧安静地悬在夜空，忽闪忽现的星辰时不时跳出夜色朦胧的薄纱。黄河水涨了起来，船只只能换路行驶。黑夜白昼交替，路途是漫长的。

又到了傍晚，天色将暗，偶尔能听见几声鸟叫。沈从文怀着些许期待的心情，希望这船快点，再快点。北平，是中国历史上许多朝代的都城，也是许多年轻人心中追寻理想的地方，这儿什么都有，什么都能见到，只要用心去看去寻找。这儿是沈从文从未来过的地方，在沈从文心中，这里可以触碰到梦想。

终于到了北平，沈从文第一眼只是觉得好大，还有许多未见过的稀奇玩意。沈从文满心欢喜，虽然有些许陌生感，但这里与沈从文心中想的一般模样，这儿就是理想的殿堂，沈从文忍不住幻想以后在这儿读书的时光，那将是多么美好的事情。在这座丰富的城市中沈从文相信自己一定能寻找到心中的理想。沈从文暂且先找了一家不太贵的旅社住下，打算先安顿好，过几天再去找还留在北京的姐姐与姐夫。

总共 19 天的路程，沈从文从保靖来到北平。在路上沈从文预想了许多情况，想象着北京城是如何壮阔，如何的不一般，任凭沈从文如何想象，真正来到北京时沈从文还是震惊了。和江南水乡的小城完全不同，这里更加气势非凡，有着曾经独属天子脚下的威严，自然也更加繁华。来到北京已经有了秋意，挂在枝头的叶子也时不时落下一片来。

几日后，沈从文打听到大姐与姐夫的住处，于是便匆匆前往拜会。姐夫田真一见到沈从文倒是吃了一惊，问道："你来北平做什么？"

沈从文略略谈了自己想到北平念书的想法。听了沈从文的一番话，田真一更加惊讶了，眼前的这个孩子已经不是当初那个无所作为、愤然离家的人了。北京的大学生当时已经很难就业了，田真一告诉沈从文，在老家待着比在这里更加有着落。没想到沈从文竟然说起了当时社会的状态与自己一系列的所见所闻，自己受不了这些带着腐败又败坏社会基本风气的行为，来到北平就是要半工半读，学到更多东西后，为这个社会尽一份自己的力量。

田真一看到了沈从文心中那份对理想的追求和独自一人来北京的勇气，也明白了沈从文与那些泛泛其词的人不同，对沈从文从心里也多了份敬意。然而不久后，沈从文的姐姐与姐夫便离开北平了，留给沈从文的只有两床棉被。秋风的萧瑟也席卷了沈从文的那份孤独，吹散了心中的些许暖意，耳畔飘过风的声音，更加寂寞。

秋天真的来了，叶落得更欢快了。长住客栈也不是办法，正巧沈从文得知一处地方叫做酉西会馆。酉西会馆是一位湘西人在北京修建的一处专门供湘西人进京赶考住宿的地方。清朝被推翻后，这处会馆和以往一样仍是给在北平的湘西人居住，一半房间由低级公务员长期居住，另一半房间就留给来北京考学的湘西人暂住。这儿的管事的恰巧又是沈从文的一位远方表哥，姓金。于是，沈从文便搬来此处居住，这样就省去一笔房租。

初到北京的沈从文自然免不了为他那本"文化地理书"再添

上几笔，沈从文走遍了北京城，一步步感受这座城市的气息。旧时的风气和新式的装饰夹杂着，磅礴之中又夹杂些许时代的刻痕，各个胡同彰显着老北京的独特构造。古典建筑依稀还能看清琉璃装饰，一砖一瓦诉说着几个世纪前的故事，看着心中就已经开始浮想联翩了。街上卖冰糖葫芦的、吹糖人的都吸引着沈从文，不过眼下是没有钱来做这样奢侈的事情。天高气爽漫步街头，沈从文正在感受这个新地方。

比起学习新的文化地理知识，沈从文还有更重要的事情。沈从文来北京是想要上大学，上大学自然是要参加入学考试的。可对于沈从文来讲，问题有二：一是只有小学文化水平，考试基本是过不了；二是沈从文压根没有钱，经济十分拮据，花钱进学校也不太可能。沈从文不得已放弃了正式进入大学读书的想法，不过，大约一年后，沈从文报考了燕京大学国文班，结果未被录取。知识燃起了心中的火焰，点亮未知道路中的黑暗，但这火种也曾被一盆冷水浇灭过。

上大学的念头断了之后，沈从文便开始自学，每天必去京师图书馆。基本都是早上很早便出门了，一直到晚上图书馆关门才回到酉西会馆睡觉。很长一段时间沈从文的生活都是如此。惊人的毅力使沈从文一股脑扎进古今书籍中，并沉溺其中，一串串的文字进入到沈从文眼中，再融会贯通到心中。每天只是几个馒头和咸菜，心中坚定的信仰和毅力支撑着沈从文。为了梦境中的芳草地，单薄的身影拿着书本，孜孜不倦。

深秋来临，满地的落叶诉说衷肠，慢慢跌进土壤化作一方春泥。天还是蔚蓝的，黄昏偶尔可以看到火烧云。沈从文无心顾及这些，一身单衣悠悠地挂在身上，随着他每天来来去去。时间耐不住寂冥，枯燥了秋天的景色，翻开新的一页。干枯的树枝，寂静的大街，一天天加起来的衣服，都在无声无息地说着冬天来了。

北风呼啸着，刺骨的寒冷。天空也时不时飘洒着雪花，时大时小。铺满街道堆积起来的雪，在夜晚衬得月亮格外的亮，有种夜不眠的意味。气温也随着一场场雪的来临而降低。

尽管如此，沈从文依旧只穿着一件单衣便每天往图书馆跑。好在图书馆还不坏，有火炉和热水，不然的话恐怕要冻出病来。沈从文住的地方没有任何取暖设备，每当图书馆闭馆的时候，沈从文便窝在被子里一整天，看自己带来的书。寒夜冰冷的被褥，潮湿的房屋让这夜晚更加漫长，被冷醒自然是常事。没有炉子的屋子，和冰天雪地的户外没有什么大的区别。这样艰苦的日子，沈从文竟能安然地学习和读书，也着实令人钦佩。

在这样艰苦的生活环境下，白天前往京师图书馆读书，晚上独自睡在酉西会馆，成了沈从文单调朴实的生活。这样的生活好处在于沈从文读了不同种类的许多书，积淀了不少知识；坏处便是整日里都是一个人呆着，时间久了自然不太好。就在这个时候，就读于北京农业大学的表弟黄村生来看望沈从文，看到沈从文这样的状况觉得实在是不妥，便替沈从文找了一处新的住所，也介绍了些朋友给沈从文。

新的住所十分狭窄，地面也潮湿，仅有一个小桌和一扇旧门。沈从文也不多计较，就在这儿住了下来，还戏曰"窄而霉小斋"。现在看来，倒是有一番苦中作乐的意味。这样的日子对沈从文不是一朝一夕，往后几年这样的贫困都充斥在生活当中，甚至更加艰苦。

搬家最大的好处，就是同住在这一片地方的有许多来北京求学的学子，沈从文开始和大家一样去燕京大学旁听。当时北京只有燕京大学不限制旁听生的数量，其他的大学，都必须要申请注册旁听才可以。所以燕京大学旁听生十分多，甚至多出在读生几倍。沈从文也跻身成为众多旁听生中的一员，哲学、历史、国学是沈从文最常去听的课。

同时，沈从文尝诚通过考试成为燕京大学注册的在读生。可惜沈从文考试时基本没有回答出所问问题，拿到大学文凭也成了破碎的梦。沈从文再也不想关于正式入学的事情了，开始安心地旁听。

时间走得飞快，在沈从文读书和旁听中，来到北京已经一年多了。随着知识的积累和思维方式的转变，沈从文开始拿起笔杆写文章，表达自己的思想。一篇、两篇、三篇……沈从文空闲时间不停歇地写并开始将自己写的东西寄到一家家报社。也许是内容不够深刻，也许是还没有人发现字里行间蕴含的才气，始终没有报社回消息。沈从文甚至还听说有编辑贬低自己的稿子，嘲笑着扔进垃圾桶。听到这些的时候，沈从文十分平静，丝毫没有放弃。不得不说那份骨子里的硬气比瘦弱的身躯强大太多。

沈从文用那份倔强一直坚持着自己做的事情，直到后来大放光彩。大约一年多两年后，沈从文发表处女作，从这之后作品便陆陆续续地发表，直至人人皆知。从被编辑当众嘲讽，到作品占据各大书店，沈从文也是用了好几年的时间。坚持与文笔的逐渐成熟，是成就了沈从文的作品。

北平是梦想的起点，沈从文在这儿看到了许多在湘西不可能看到的东西。正是这些新的东西触动了沈从文心中那份理想，让他认识到自己可以走到哪儿。从北平到上海、武汉、青岛，这些生命走过的足迹，都是因为沈从文选择来到北平才会发生的以后。熬过别样的风霜，树苗才能茁壮成长。这些经历太过艰难，但同时也是很好的养料。

也许这些苦难、嘲讽，在当时整日抱着书本苦读的人儿看来只是耳边一阵风，不痛不痒，真正值得放在心中的是书中的字字珠玑。也许，这位没有太多花花肠子的"乡下人"只是默默含着泪，伴着饭将这份蔑视生吞进了咽喉，继续咬着牙一股脑钻进书本的世界中，更加坚定和努力。不论怎样，沈从文深藏于心中的那些看不见的信仰始终坚定着，烈日、风雪、暴雨都不能够阻挡心中的那份坚毅。

梦想是两个简单的字，但是那股永不枯竭的泉始终推着沈从文前进。满满的充实感，已经冲破了外在的艰辛，此时苦中作乐更多的是一种心怀梦想、对其他事情已经无畏的状态。

梦想是一无所有时唯一拥有的奢侈，支撑着许多可能与不可能。驻足路旁，花儿的繁盛吸引着眼眸，看着花蕊，嗅着芬芳，在心中留下一片余香。北平，是沈从文最心动的地方，这儿充满着希望，洒下种子似乎就看得到绿意。也许并没有枝叶生出，只是心中那份生机浇灌了生命中从未遇见过的美景。看着远处，夜里的星辰似乎真的就化作了美景，只是不知那良辰何时到来，但只是那点星光就徜徉出了整个未来。因为当站在那儿时，最生动的感觉就是可以触碰到梦想。

2. 在心灵的土壤里开出一片花海

翻山越岭走过一段段路，也见到了沿岸无数亮丽的风景，悠悠飘过的云彩天真无邪地和一个个人儿擦肩而过，亲吻着蓝天的脸庞。向往着远方的人儿也已经来到了遥远的地方，生活在这里，习惯了这儿的一切。理想是不可触及的一抹光，在到来前始终有些模糊，但黑暗前方露出的光亮成为了奔向光明的动力。一点一滴连成的苦难时不时滴落在生活前进的道路上，有时甚至连成了串，日夜不停地呼啸而来，也总有海燕一般的人乘风破浪，终于抵达了彼岸。

不知道此时经受住种种苦难，他日是否可以等到晴天降临，沈从文也不知道彼岸是否有花开，是否如夏般绚烂。唯一贴切的感受是自己此刻受到了生活的倾盆大雨，这雨也不算突然，在沈从文打算留在北平时便预想到了一切。在北平，想要孤身一人做出一番成绩自然是不容易的，这一切都未改变沈从文来的时候便咬着牙下定了决心。

因此，在来到北平的两年多，沈从文尽管生活十分艰辛，依旧咬牙坚持了下来，不论生活给他割下怎样的伤口，哪怕还在伤口上撒盐。沈从文清楚地明白要留在北平实现心中的梦想，这一切是必须经历的事情。只有度过眼下困窘的生活，在这般生活中学习和做自己认定的事情，才会接近理想。

勇气源于心中强大的信念，有时候人们可以做出有违常理的事情，决定的背后是支撑自己的一腔热血。沈从文刚来到北平时身上不足十块钱，刚下车站便被眼尖的车夫骗去了两块。这只是一个小插曲，也不影响沈从文做其他事情。最令人佩服的是，沈从文在身上只有不到十块钱的时候竟然义无反顾地留在了北京。陈渠珍批给沈从文的二十七块在路上已经花得差不离了，可是沈从文身上余下的几块钱是完全无法在北平生活下来的。

然而，沈从文就是如此在北平度过了两年半的艰苦生活，后来才渐渐转好。这一切也让曾经为沈从文作传的凌宇感到十分不可思议，直接表达了自己不理解，沈从文如何可以在如此拮据的情况下在北京生活如此久的时间，直到后来其在北京拜访沈从文时才有所理解。

没有钱却能一直在北平生存，原因不外乎两方面，一是沈从文过得基本上是十分艰苦的，沈从文吃了许多苦，生活得十分困难。像冬天都只穿着单衣，吃饭也是早上一顿咸菜加馒头，待在图书馆一整天才回来睡觉。二便是靠朋友接济，沈从文在北京渐渐地有了许多因为远方表亲认识的朋友，这些朋友与沈从文以前在军队认识的朋友大为不同，有学识有理想。

他们大多数都是北平各大学的在校大学生，艰难的年代相互接济对他们来说再平常不过睡觉时找认识的人的地方睡一段时间，吃饭时有时会有朋友主动邀约。有时沈从文十分饥饿时，便直接到熟悉的人那儿见到吃的便吃，有点像沈从文刚去保靖的时候。不过不同的是沈从文在保靖这样半年之后便有了差事，而沈从文在北京两年多内，只有肚中多了的墨水和脑中连成一片的思想。

知识的殿堂丰富了沈从文的心灵，却不能阻挡外在的风霜。这期间沈从文面对的是窘困的生活和理想的打击。大学终究没有为沈从文打开一扇大门，只算是开了窗。写的稿子总是石沉大海，没有回应。换作旁人自然少不了心灰意冷，不知沈从文是否灰心过，但是最后他平静地走出了这困境。其实仔细想来，信念如果足够坚定，哪怕一无所有，也可以生存下来。最困难的是下定决心的那份勇气，有了那份勇气，便抛开了所有畏惧。

经历过的苦难与世事，日后听起来更像是一个巨大漩涡衍生出来的难以置信的故事，比起现实竖起的刺尖，这样的故事更像是带着理想色彩简单地骑马跨过荆棘。漫无边际的日子，肚子有时饿得发出声音。走在街上看着不断变化的风景，沈从文想要的只是能偶遇一位熟人，吃上一顿饱饭。看到从军入伍的人们，他也曾犹豫过，至少那是不必挨饿的生活，可是他没有办法说服自己再次回归军队，既然离开了，决心为自己心中的理想拼一番，怎么能就这个样子放弃？沈从文依旧咬牙坚持着，时不时地饿着肚子，有时候追求的只是一顿饱饭，却不为这份饱饭而屈服。

生活举步维艰，沈从文也依照最初的想法，想要通过半工半读来改善眼下的生活，只是那些充满希望和祈祷寄出去的信，始终没有任何回复，沈从文不得已，只能放弃这种想法。最可怕的是每时每刻都面临着生活提出的考验，最现实的问题醒目地摆在眼前。好的方面就是沈从文接受了这些，只是平静地生活，剩下的事情也就不是困扰了。但对于最基本的生存问题是无法忽视的，人是可以被饿死的。

好在不管什么时候，总有一些善良和热情如冬日的暖阳融化了他心中的寒冷，这份温暖也成了前进的动力。沈从文还依稀记得，那时候北平燕京大学附近学生公寓那边有位卖煤油的老人，总是十分好说话。每次买煤油的时候基本都是不用付钱的，可以直接赊账。赊账后自然也就不再归还。

不仅如此，当沈从文等人跟老人诉说自己的处境时，老人也会在宽裕的时候借给他们一两块。沈从文颇为感动，为那份善良与博爱。这些也让沈从文联想到，自己在保靖时看到报纸上的求助信息，也会寄钱来接济需要帮助还有求学的人们。当时，沈从文为这份社会责任而自豪。现在，他也因为老人这份帮助十分感动。善意如花香，弥漫在了空气中，添了一份清香。

在无止境的困顿中度日如年，贫困谱出的交响乐不绝于耳。天边晚霞渐渐没去，丛林在夜晚成了暗处的一抹黑。那条隐隐约约若隐若现的小径不知去了哪。沈从文还住在"窄而霉小斋"时，在毫无办法，极度困苦时曾写信求助知名作家，比起穷困，沈从文更想知道这种境况下究竟该如何下笔回答生活出的这道难题。沈从文鼓起勇气诚恳地写了一封封信件，寄了出去，期待着回信。就像沈从文看到报刊上寒门子弟生活艰难，没有办法继续求学时心生善意寄钱过去一样，不久后，沈从文的"窄而霉小斋"迎来了一位知名作家。

一天，沈从文冬夜中正蜷缩在桌前读书，有人敲了门进来询问："沈从文先生在么？"

那是 1924 年的冬天，来者是郁达夫。彼时，郁达夫收到了沈从文的信件，了解到他想要在北京寻找一番理想，却始终饱受生活的折磨。郁达夫来到沈从文小小的住所，看到了眼前这位颇有抱负的年轻人生活的窘境。窄小的房屋，潮湿生冷的地面，进入之后扑面而来的是冰冷的空气，并没有比外面好上多少。

冬天屋子里也没有什么取暖工具，也没有任何多余的东西，只有一床锦被遮盖着棉絮，还有一张小桌，上面放着几本书籍。

郁达夫看到此景不由得心酸，此时的中国并没有多么注重教育，社会对于像沈从文这样的人没有任何福利与优待，唯一真真切切感受到的就是有钱人和自己之间的差距。郁达夫此时虽是大学教授，工资拿到手也仅仅是微薄的三十多块。

由此可见，当时对教育的不重视程度。想要更多地帮助沈从文这样的青年也是力不从心，但郁达夫的确深深地被沈从文这份不甘于现状，始终坚持着理想的执着打动。

屋外依旧下着小雪，不知染白了谁的面庞，寒风吹过，也许有些冰冻的双手再也握不起梦想。郁达夫带着沈从文到饭馆吃了一顿饱饭，听沈从文讲了许多自己的事，也说了许多鼓励沈从文的话。最后走时，郁达夫将吃饭找的剩下的一块多钱交给沈从文，还将自己还粘着雪的围巾披在了沈从文身上。

沈从文在七十多岁时还十分清楚地记得，郁达夫那天吃完饭将整五块找的一块多零钱给了自己，那份感动是五味杂陈的。沈从文当天回家后便趴在桌上哭了出来，郁达夫的一番话语让沈从文藏在心中的一切都释放了出来。

看不到的阳光，寻不到的光亮，这样的日子实在是太久了。有时候模糊间可以看见一条大路，却不知如何跨过眼前一道道沟壑成功走过去，一路磕磕绊绊，甚至掉入深坑。不知道要哭诉什么，但是内心的那份难过是十分肯定的。有时候，也不一定要看到光芒四射，阳光无法布满整个心灵，就让星辰充满整个眼眸。

与沈从文相见不久后，郁达夫便发表了《给一位文学青年的公开状》，沈从文的事情给了郁达夫很大的触动，对于沈从文心中那份执着，郁达夫给予高度赞赏，这份简单又略带愚笨的坚持也带给了郁达夫惊讶。这些郁达夫都写在了那篇文章中。

　　读完之后，不得不感慨当时社会的状态，梦想对于许多沈从文这样的人都是遥远的星辰，不可摘，只能看着在心中立起一个遥远的梦，留一份美好和力量。好在梦想不曾辜负苦苦坚持的人们，那个年代梦想的实现有多不易，同样那份坚持不懈的信念也有多坚定。在荒凉动荡的年代，像沈从文一样，没有被命运带到其他地方的人，最后也都如愿接近了心中的理想。

　　火烛散发的光芒也许微弱，也许经不起日日夜夜，但是陪着人儿走过了漫漫长夜，等来了天亮。困窘的生活在沈从文1922年来到北京，到1924年冬天见到郁达夫都不曾改变过。在这之后的一年多，沈从文也没有彻底改变这种状态。但是，对于那时的沈从文而言，什么都没有，心中那份理想硬是撑起了一片天，尽管这天阴雨密布，却也浇灌了心中一方土壤，让它开出一片花海。

　　一个人始终坚定地拥抱着理想，不曾在意路的曲折，风的寒冷。看着花开叶落，云卷云舒。一路上，总是磕磕碰碰，只有一身破烂的旧袍，虽有欢笑，有欣慰和感动的时刻，但更多的是哭泣与叫喊。尽管如此，却不影响修炼出一颗日益坚强的心。回头望去，那些卑微而又饱含心酸的日子，早已成为了过往的云烟。记忆的回放只是过去的倒影，困窘的日子是无法抹去的痕迹，那些苦与乐是平淡生活中不平凡的路途。在翻过这道篱墙后，便无所畏惧了。

3. 志同道合的挚友相逢

生命中，总免不了遇见许多人、许多事。相逢让两个原本毫不相干的人有了交集。时间有时候突然慢下了前行的脚步，有时又飞速带着人们大步向前，就这样，在不同的时刻有着别样的相遇。生活在前进，不同的经历带每个人去往不同的地方，留在不同的土地看着同一片天空。

路途中，有欢笑、有困苦，也有不一样的人走进视线，志趣相投，互相温暖的人们便成了朋友。

沈从文从初次离开家乡时，就是在哪儿都会交到朋友的性子，总有玩在一起或者聊在一起的。只是可惜动荡的年代，别离后便是多年不见。

沈从文在北平能够生活下来，也因为许多朋友帮忙，在这里的收获与以往不同的是其中有一生的挚友。初来北京与姐夫匆匆见面后便别离了，姐夫不在北京，却也帮助了沈从文不少。确切地说，应该是姐夫田真一的朋友董景天给予了沈从文许多温暖。民族苦难的大背景下激发了有志之士的那颗爱国之心，新思想下前往北京求学的学子数不胜数，在这样特殊的年代下，青年学生大多都会互相帮助，那份热情与共同理想下产生的友谊是十分坚固的。这对于当时的人们来讲，是一件非常好的事情。

董景天是田真一的老同学，是沈从文来北平结交的第一个朋友。当时，董景天就读于燕京大学，并且任学生会主席与校办公室秘书长。起初，对于董景天而言，沈从文只是同学的弟弟，自己是尽本分给予关照而已。沈从文刚到燕京大学时，便睡在董景天学生宿舍阁楼的地板上，也是这个原因让沈从文有机会慢慢开始接近董景天。

沈从文似乎是有一种交友的能力，遇到能使他打开心扉的人，说起话来便没完没了了。沈从文住在董景天处的第一个晚上便讲了许多，讲他自己在湘西一带的所见所闻，将那些稀奇事统统分享给董景天听。

沈从文讲得活灵活现，眉眼间还带着一丝骄傲，董景天也没见过沈从文讲的那些场景，听着听着竟入了迷。看见董景天这样，沈从文也讲得更加生动和形象，不知不觉就到了天快亮的时候了。连着几晚，沈从文都这样津津乐道地讲述着这些故事，董景天像听有意思的连载文章一样，充满了兴致。

两人就这样一边讲着故事，一边聊着天。几晚下来，两人之间的距离近了许多，董景天对沈从文的看法也改变了许多，之前更像是长辈，而现在更像是朋友。

两人的交际也绝不止于此。沈从文之前去过的地方，比较繁华的城市便是相邻几个地方中较大的交通枢纽，但比起北平只能说是小县城了。沈从文自然是有许多未见过的东西，比如说电影。

沈从文第一次看电影便是与董景天一起，董景天带沈从文前往电影院，进电影院之后，沈从文满心欢喜地占据了离电影屏幕最近的第一排位置。沈从文看着董景天，一脸的骄傲之色，感觉像得了什么宝贝一样。

董景天先是十分不解，想不通沈从文为什么选择第一排的位置，毕竟看电影和看戏不一样，没发现沈从文真的是把看电影当作了看戏，以为靠前面的位置就是好位置。发现这一层，董景天到也笑了，觉得沈从文十分率真。

电影上一幕幕黑白的画面在光线暗淡的影院中有着不一样的色彩，印过沈从文心中，雕琢着属于他与董景天之间的情谊。年少时候共同拥有一个梦，跟随着时间的步履，这份情日渐深厚董景天还曾用自己的西装为沈从文换了一双新鞋，不必刻意讲出，董景天是沈从文众多朋友之一，那份在心间的情谊让沈从文度过了在北平时的艰苦岁月。董景天也是沈从文燕京大学朋友中，后来唯一没有遭受变故存活下来的，后出任过周恩来办公室秘书一职。

像董景天这样，在沈从文困难时期与其结下一份情谊的，还有沈从文的表弟黄村生。黄村生就读于中国农业大学，当时黄村生所在宿舍共有八人一同居住，沈从文每当生活艰难时，便前去住上几天，解决生活问题。沈从文还在黄村生的介绍下，认识了三十多位湖南同乡。大家也都十分理解沈从文的境地，也没有不耐烦和厌恶。世态炎凉，人心却始终温暖。

沈从文在北平还认识了两位一生的挚友，分别是丁玲与胡也频。其后，与他们充满了扯不断的牵连，写下了许多令人感叹的故事。沈从文认识胡也频与丁玲都是偶然。1925 年，沈从文依旧过着十分艰难困苦的日子，继续以休芸芸为笔名四处投稿，希望能以此赚钱糊口。自然，沈从文的文章当时基本是没有杂志采用的，没想到有一篇文章竟然被登在了《京报·民众文艺》上，胡也频正好是这家杂志社的编辑。编辑前来拜访作者，相谈甚欢，二人自然就熟络了起来。所有相遇后的相惜，如同夜晚散发着暖意的一窗灯火，看着便让人心安了许多。

　　沈从文与胡也频相见不久后，胡也频带着丁玲来拜访沈从文。沈从文本来对丁玲没有什么特殊的感觉，没想到一同聊起天来才发现同是湖南人，而且家乡也离得十分近。两人均离家在外漂泊了许多光景，在一起便有了许多关于家乡的共同话题可聊，这样两个人之间的距离无形中便拉近了。同时那份对家乡的思念，在一起聊天叙事时也被拉扯了出来，同样的一份情感让远离家乡的游子相互有了些许依偎之感，自然也就成了朋友。

　　丁玲与沈从文都是受到"五四运动"影响，热血沸腾的青年，自然也就没有性别之间的嫌隙了。丁玲也是沈从文第一个女性朋友，改变了沈从文许多从前对女孩子的认知。

　　女子本应该是纤瘦而柔弱的，一抹红唇一袭长裙，乌黑的头发如瀑般垂下，温柔可人，时而蹙着眉，挤出几滴泪。有学问的呢，再偶尔读上一读诗歌，满门心思放在自己身上。不过这样的想法，在沈从文第一次去丁玲家时就改变了。丁玲随着胡也频来拜访沈从文，沈从文自然是要回访的，陪同沈从文前去的便是胡也频。

　　丁玲刚搬家不久，也是十分简陋的住处。沈从文第一眼望去，也是和大多数穷学生一样的房间，床是硬木板床，地面也十分潮湿，破旧的墙上贴满了报纸。丁玲也是十分简单地留着一头短发，穿着灰布衣服。原来接受了新思想的女性与男性一般，也过着这样的日子，吃得了苦。这与沈从文原先预想的大相径庭，丁玲让沈从文叹服，原来一个女子也可以这么坚强。

　　随着三人的渐渐熟络，胡也频发觉自己已经爱上了丁玲。沈从文得知后，帮胡也频出主意。让胡也频以丁玲弟弟的名义写信告诉丁玲。丁玲有位弟弟，不过这弟弟已离世。丁玲一个人感到十分孤苦的时候，经常会想母亲和弟弟，一想到天人永隔便感伤不已。

胡也频也觉得沈从文的主意十分妙，便这样做了。丁玲当时并没有表态，沈从文也看得出胡也频十分不安，还趁机打趣了胡也频一番。再到后来，两人找到沈从文神神秘秘地来到一处房屋，沈从文看到那房间的摆设，便知道两人已经住在一起了。

同年五月，沈从文在香山慈幼院有了一份图书管理的工作。下山的机会没有太多，但一有机会下山，沈从文便前去找胡丁二人。当时，胡丁老家的接济也断了，两人的生活比起新婚时拮据了不少，沈从文境况也差不多，往往三个人一凑在一起，便讨论如何能筹钱。沈从文与胡也频经常说要一同创办杂志，虽然大家都没有什么钱，但这不影响他们经常讨论规划。时不时说起来，二人便让丁玲也一同加入，每次到了这个时候，总少不了互相打趣嬉笑。不过这样的时光，没能持续太久。

随着胡丁二人更加紧密的相处，和经济一直都不宽裕的境况，两个人开始了不大不小的争吵。争吵的内容也都是些生活琐事，有时候摆在眼前的沟壑不是大的问题，跨过一个深沟容易，时时刻刻注意脚下的水坑，不让鞋子进水，反而成了困难的事情。沈从文这个时候便成了两人的和事佬。闹了矛盾或者吵了架，都来找沈从文，沈从文再来分别和两人谈心，缓和整个事态。当然，这也只是三人相处过程中的小插曲。花开的同时，也会有枝叶的散落，只要树不枯，叶还绿，路旁还是花香四溢，芬芳沁人心脾。

坚定心中的理想与信念，路途中偶尔的舍弃也开辟了新的道路。沈从文心中有梦想，也敢于反抗。后来，沈从文因为两篇发表在报刊的文章：《两只猂猂》和《棉鞋》，得罪了香山慈幼馆的教务长，最后因为受不了教务长的责难而离开了。之后一段时间，由于丁玲与胡也频两人不在一块，二人便频繁在北京、湖南辗转，只为了可以相见。

不久后，丁玲与胡也频回到北京，三人很长一段时间都共住一间公寓，尽管这期间搬过许多次家。1926 年北伐战争进行得颇为顺利，十月份后，有许多曾经的同学来信说武昌情况十分好，可以到武昌发展。

但是，此时三人的事业已经算是初步走上了正轨，便决定一同继续留在北平。丁玲正在筹备新的短篇小说，胡也频的文章开始有了发表的机会，沈从文的文章登上了《晨报副刊》。一切都预示着生活正在好转，苦苦坚持的事情，终于开始有了眉目。

最动人的感情便是一起踏过泥沼，见到了沿路那些美的和不美的风景。在这样艰苦的岁月，遇见的志同道合之人，是安稳岁月静谧时光中很难拥有的。最难忘的日子里遇见了难忘的人，化作最美的风景线。

此后数年，他们依旧继续用时光书写着这幅美丽的画。像夏日摘取新鲜的提子收取鲜美的汁液，酿成酒，加上岁月的沉淀，更显醇厚。有一种感情就是这样，慢慢地弥漫在心间，发酵成醇香佳液。也许未来会有波折，此刻的安详是最真实的感受。

4. 渐次苏醒的文学灵魂

生活是欢乐夹杂着艰辛，好在当下比起那段无比艰难的日子已经好了许多。时间带来的改变是最深刻的，沈从文写下来的文章也渐渐随着时间的沉淀开始变得有味道了。起初，沈从文一边读书一边写稿，不过稿件寄出后都会石沉大海。沈从文的心中始终不变的就是那份坚持，好像没有什么原因可以让他放弃。这份本性始终鼓舞着沈从文，同时心中对文学的那份热爱也激励着他继续下去。

乐章响起，久违的旋律缓缓在耳边升起，希望的光亮开始出现、放大，从缝隙间溢出，慢慢布满整个房间。沈从文这样度过了在北京的一个个黑夜，他的文章开始被注意到，陆续发表于报刊。

1924 年，沈从文发表处女作《一封未曾付邮的信》，这是现今可以看到的沈从文最早被印出的文章，也是郁达夫去看望沈从文的那个冬天所发生的事情。郁达夫的那份鼓励和沈从文这些年来积累的生活经历和文学底蕴，让他在接下来的日子开始散发出光芒。紧接着的两三年，沈从文的作品开始更加频繁地出现在报刊上。尽管如此，沈从文的生活依旧困难。最开始被登上报刊的是对当时时事进行讽刺的评论小品，再之前沈从文投出去的许多稿件都不知所踪了，出版方未通过的稿件通常不会寄回，那样困难的日子，沈从文自然也没有什么闲情逸致去再誊抄一遍，所以沈从文未发表的稿件都不知所踪，无从参考了。

　　沈从文最初的文章是发表于《晨报副刊》，但是刚开始的几篇文章被采用刊登，却没有稿费，只有几张可以用来买书的书券。那一段时间，沈从文有些身心疲惫，其实沈从文一直有一些其他的想法，只是最后都被心中渴望成为一个知识分子这一理想驳回。

　　同时，也存在着一些现实问题。沈从文当初来到北京是受报纸和当时所处环境的影响，报纸上宣扬，来北京就很有可能有读书的机会，那些理想和对未来美好的描述，正是打动沈从文这样一无所有的人的地方。而当时已经随军多年的沈从文，已经清楚地认识到旧时地主生活的腐败，自己不愿意成为那样。来到北京后，沈从文接触到了许多新的东西，但生活真的是十分艰苦。心里也动摇，好在最后还是坚持了下来。

　　在刚发表了几篇文章，却没有拿到稿费的那段时间，对沈从文而言是最为煎熬的，生活几乎已经陷入了困境，继续与离开都是看不到光亮的道路。沈从文甚至想过去找陈渠珍，但去沅江的路封了，沈从文自己也没有足够的路费，最后也只得放弃。沈从文只能抱着心中那份理想，继续用笔杆来释放内心的所感所想。长路漫漫，花苗在一点点地生长发芽，等待着有一天花香弥漫，开出一季芬芳。

　　一天一天，时间在生活的点点滴滴处留下斑驳的倒影，随着风的吹过，那些倒影四处散去，不留一丝痕迹。沈从文开始迎来了暖风，虽然不至于融化生命中的冰雪，总是带来了一丝希望。

　　1925年徐志摩正式出任《晨报副刊》主编，看了沈从文的文章，十分欣赏，两人也因此得以相识，并在后来成为终身挚友。这时候，沈从文也开始有了稿费，从每月4块到后来的12块。

　　同年，北京大学哲学系教授林宰平，开始注意到沈从文的作品，这位教授不仅十分欣赏沈从文，5月份还专门在《晨报副刊》写了一篇书评来称赞沈从文的文笔。沈从文的才华开始显露，得到一部分人的欣赏。

沈从文发表的大多数前期作品，都是在写自己过往的经历和所闻，这些带着乡土风情的文字带领人们走进另一个世界，那些奇特和独具风味的场面深深吸引着读者。除去这些在各个地方发生的故事，以及那些或壮阔或有韵味的景色，沈从文也写了许多记录自己当下遭遇的文章，来讽刺一些社会现象和生活中遇到的人。文章到底是要有感情才能写得好的，沈从文前期的作品用这种自叙式的方法来表达内心最直接的感受，算是最直接的取材。

虽然沈从文晚年对于这些还不够成熟的作品不愿意太多提及，但显然作家写出来的作品，多少都会透露出自己内心的情感与想法，沈从文自然也不例外。那段时期的作品，尽管沈从文晚年以大师的视角来看是不成熟的，但在当时也已经引人注目了。不过在世人眼里，那时他只能算有才华的人，不能称为什么大家，连每月领取稿费时，也不得不给门房两角到三角的稿费才能进去。这些对沈从文的影响也出现在他的文章中。

文字的排列也是人生旅途的缩影，也是这些文字帮沈从文打开了走向文坛的那扇门。沈从文晚年时也说，当时还不怎么会虚构，写的大多都是实事。从《一封未曾付邮的信》到《边城》，都有一些沈从文自身经历的痕迹。《一封未曾付邮的信》是在川东作收发员时发生的事情，《一个大王》是讲沈从文随军队驻扎在龙潭时，认识的一个叫做刘云亭的人的故事。

这些描写湘西风情和奇特人事的故事，平常人一般是遇不到的，除了已经习惯了那片风景的当地人。所以看了难免会觉得新鲜，似乎是看到了不一样颜色的天空，听到了不一样的故事。这些故事的背景就是沈从文过去二十多年走过的路，看到的人。也正是因为这样，这些文章中真正蕴含的思想并没有很多，沈从文更像是一个带着大家看风景，听故事的先生。这样的故事有许多，比如《一个退伍兵的自述》等。

很长一段时间，北平生活带给沈从文的艰苦都透过他的文字绵绵不绝地展现出来。这些曾经的阴霾似乎压在沈从文心中很久很久了，常常表现在作品中，某些层面上也渐渐促成了其作品的成熟。沈从文也讲过想把生命中有过的痕迹都写在纸上。除了那些独特的湘西风情外，沈从文作品还夹杂了大量对当下生活的影射。

许多文章都免不了出现初到城市饱受生活折磨的"乡下人"形象。这些其实都透露着沈从文初到北平时，除去那份理想外，过得无比辛苦的生活，饱含真实情感。不过这也不是个例，那个时候北平的穷学生还是非常多的。这些对生活的控诉与人生的写照，从 1925 年持续到 1929 年才彻底结束，自那以后，沈从文的作品才开始有了更加深层次的意味。

生活的脚步终于艰难攀爬过那些难以迈步的路途，却又留下了许多泥沼。沈从文撑过了那段日子，身体却很难不遭受到一点伤害。沈从文写稿时经常是一边流鼻血，一边用布条堵住继续写，最终留下了呼吸道方面的隐疾。也因此，沈从文作品中许多主人公都患有呼吸道类疾病的男人。不过这也是稍靠后一些时候的事情了。此外，沈从文除了个人开销外，还要接济家里人。

1925 年和 1926 年这两年，徐志摩经常带着沈从文一起去参加一些诗歌朗诵会，会接触到许多当时有些名气的人，沈从文算是一步步地得以崭露头角。除去一些小说，也会发表一些诗歌与散文，1925 年有作品开始发表在《现代评论》，紧接着 1926 年，他的小说开始在《小说月报》上发表。这段时间是沈从文写作生涯的开始。

这期间，沈从文还写过一些话剧，当时也算是较新的题材。两年时间，沈从文共发表小说 9 篇：《公寓中》《绝食以后》《莲蓬》《第二个狒狒》《用 A 字记录下来的事》《白丁》《棉鞋》《重君》《一个晚会》，戏剧一出：《母亲》。前后三年间，沈从文发表作品共一百七十余篇，是十分庞大的数量。1926 年，当时很有名的北新书店，还出版了沈从文的散文、诗歌及其他作品的合集《鸭子》，现在看来这已经是一个十分不错的成绩了。然而，事实却不是这样，虽然才华初显，但沈从文的生活却没有相对等的改善。

从沈从文 1925 年写的《棉鞋》中，就可以十分明确地看到这些。当时沈从文还在香山慈幼院做着图书馆管理的工作，这篇文章就是讽刺院长轻贫爱富，庸俗腐朽，除此之外还有《两个狒狒》，也是在讽刺院长。

《棉鞋》一文的开头是："我一提起我脚下这一双破棉鞋，就自己可怜起自己来。有个时候，还抚摸着那半磨没的皮底，脱了组织的毛线，前前后后的缝缀处，滴三两颗自吊眼泪。但往时还只是见棉鞋而怜自己，新来为这棉鞋受了些不合理的侮辱，使我可怜自己外，还十分为它伤心！"

这些语句十分打动人心，语言生动。这篇文章是由于院长嘲讽沈从文脚上穿的旧棉鞋，才最后被沈从文写了出来，这双鞋是由沈从文表弟送给他的，文中也有描述。不过这棉鞋确实十分破旧，文中是这样描述："总计起来，左边一只，补鞋匠得了我十二个子，右边也得了我八枚，伙计被我麻烦，算来一总已是五次了，他那烂嘴烂脸的神气，这时我还可以从鞋面上去寻捉。右边一只，我大前天又自己借得个针缝了两针。"

这也验证了沈从文当时生活实在是不好，这样的困境中又遇到了一些冷漠的人，自然会看清许多社会本质的东西，写出来也是寻找一个出口来释放那份苦恼。

冬天还没有过去，只是冷风中看得见美丽的雪花，纷飞的白色花瓣飘落在梅花之上，为梅花添了一份洁白。生活依旧艰苦，不同的是沈从文发表了越来越多的作品。1927 年，沈从文发表小说集《蜜柑》，由新月书店出版。并同年于《晨报·副刊》上连载中篇小说。1928 年开始，沈从文更是出版了许多作品集，包括《入伍后》《老实人》《好管闲事的人》等，作品主要由小说和话剧构成。

没有什么风雪能阻挡花开、春来，行走得久了必定会遇到温暖的木屋。也许不会有太多温暖，风雪也不会消失，但至少可以看到前进的希望。像有一个路标在指引着一样，走着走着，就会走进春天的怀抱。沈从文独自走在冰天雪地中，有时雪已经没过了脚踝，甚至是膝盖。所幸看得见远方渐渐长出的绿植，有了前进的方向。这条路还在继续，离春天已经不远了。天空好似更加蔚蓝了，风也不再刺骨。

正如沈从文所言："说句公道话，我实在是比某些时下所谓作家高一筹的。我的工作行将超越一切而上。我的作品会比这些人的作品更传得久，播得远。"这之后，沈从文正在一步步实现预言，现在只是刚开始才华初显，未来的道路更加耐人寻味。

第五章
蓄势待发·为梦想，去任何地方

1. 一个美丽冗长的爱情故事

爱情，在岁月的长河里散发着光芒。屋檐上的雨水顺着瓦片滴在地面上，滴答滴答泛着一圈圈涟漪。时间逝去，留下走过的路，看过的风景。尽管如此，有时漫长的岁月刻下的烙印却不是最坚不可摧的。携手走过的风风雨雨，抵不过一瞬间心的沦陷，坠入爱河的刹那才懂得什么是爱恋。如果没有那一眼，也许拥有的感情还能称之为爱情，但是看到了那人，便知道了握在手掌心的花朵原来不过一抔尘土。

彼时，沈从文还未开始自己那十分热烈的爱情，就已经陷入了朋友错综复杂的爱情故事了。对于沈从文而言，他见识了这场感情的大多数章节。现在，暂且先抛开沈从文与张兆和的那段爱情故事，来旁听丁玲与胡也频那段不算罗曼蒂克的感情故事。这段爱情故事可以说得上完整，又不算是完整。

陪伴是最长情的告白，丁玲与胡也频也算是走到了最后，二人组成了一个家庭，生有一子。爱情是男女间最为动人的感情，但丁玲心中这份心灵深处的感情并没有给胡也频。丁玲说她这一生只爱过一个人，可惜那人并不是胡也频，是遗憾，这是两人的遗憾。真正将自己交给爱情，终身不悔的人又有多少。懂得爱情的时候才明白已经错过了爱情，有了羁绊便无法洒脱。爱与不爱终究不是像几个字那样简单。

故事的开始很普通，也很青涩。起初，沈从文、胡也频、丁玲三人是十分要好的朋友。尽管在丁玲眼中沈从文是胆小怕事的人，但两人关系依旧十分好，甚至沈从文与丁玲的友情，比沈从文对胡也频的感情更加深厚。后来胡也频爱上了丁玲，用一束黄玫瑰和"你的一个弟弟"这样的字条成功追求到了丁玲。三人的关系变成了沈从文和这一对恋人。这一对恋人刚开始的时候也如胶似漆，亲密无间。后来虽然在生活中有所摩擦，也依旧离不开彼此，所以一度两人在湖南与北平间不停往返。

　　三个人之间的情谊十分深厚，也缔造了中国文学史上的一段佳话。虽然三人感情深厚到可以同住一间公寓，但胡也频也免不了对沈从文有所嫌隙。不过这份怀疑并没有持续多久，两人之间的深厚情谊没有被打破。这则绯闻倒是在三人出名后被各种小报时不时拿来说上一说，污蔑与诽谤自然少不了，当事人也无可奈何，以至于沈从文后来打算将小报告上法庭，才结束了这场闹剧。

　　故事的转变发生在 1927 年冬天，当时沈从文还没有遇到张兆和，丁玲却遇见了冯雪峰。三人那个时候还都在北平，不过已经不住在一起了。1927 年沈从文母亲与妹妹前来北平投奔沈从文，沈从文与母亲妹妹同住，靠沈从文每月的稿费维持生活。由于沈从文已经不与胡、丁二人住在一起，又在 1928 年 1 月离开北平前往上海，所以当时沈从文还不知道胡丁两人的感情已经生了变故。

　　飘着雪花的北平是浪漫的，正如同樱花纷飞的东京，散发着恋爱时节的气息。丁玲与胡也频梦想着攒够钱后去日本读书，不知道他们是否有幻想，在樱花盛开的日子里携手在东京街头漫步，感受那份独属于彼此的浪漫。这一切胡也频似乎还没有抱着认真的态度去思考，丁玲已经开始做准备。去日本自然要从学日语开始，就这样丁玲遇见了教她日语的冯雪峰。冯雪峰的出现，让两人的感情开始变得扑朔迷离。

1927 年南京成立了国民政府，第一次国共合作也已经破裂。冯雪峰其实并没有教丁玲太多日语，两人在一起讨论更多的是国事与文学，在这方面，两人十分能聊得来。没有多久，两人的关系已经产生了变化。丁玲爱上了冯雪峰，冯雪峰对丁玲也有感情。丁玲也曾说过她唯一爱的人是冯雪峰，这段感情在她心中才是真正的罗曼蒂克。

丁玲与冯雪峰的这份感情毫无意外地没有结果。错误的时间相遇，也许可以成就一份爱情，却没有终点。遇见冯雪峰时，丁玲与胡也频并没有结婚。在丁玲眼中，冯雪峰是非常有才的人，尽管他比胡也频还要穷，长得也丑，可自己还是一眼便看中了他。

在往后的日子里，这份情依旧没有改变，只是深藏不露。情丝划过心间，生平第一次心动，爱已无法自拔，这份情理智要如何战胜。对于胡也频而言，一直爱着的人，日日夜夜在一起的人，突然开始为另一个人心动，她的眼中已经不止是他一个人了。除了满腔的愤慨和无奈又能怎样。两个人都十分不好受，开始了无止境的争吵。

冯雪峰对丁玲也是有了真感情，打算为丁玲留在北平。丁玲拒绝了冯雪峰，要他不要这样，冯雪峰便独自前往上海。爱情是场追逐的游戏，不久后，丁玲又追去了上海，胡也频自然也去了。两人初到沈从文家中便吵了起来，沈从文当时对于两人之间感情的变故一无所知，以为只是和以前一样争吵。两人吵得十分凶，都吵红了眼，丁玲一边哭泣一边撕着羊毛手套，几乎要把那手套撕碎。

沈从文只好像以往一样劝架，出现这种状况，沈从文总是认为是胡也频的问题，只怪胡也频爱得太过热烈，也因此有许多怀疑与嫉妒，沈从文也害怕胡也频因为误会自己而与丁玲吵起来。听他们吵了许久，沈从文似乎明白了缘由，不过还未彻底知道这件事，只当是胡也频的善妒。

争吵渐渐升级了，丁玲一脸委屈，啜泣着将身上所有钱一把拿出放在胡也频面前，争着吵着要走。胡也频见丁玲只是嚷着要走，还依旧坐在那儿哭着，也生气继续吵。眼看丁玲要夺门而出，沈从文赶忙堵在门口拦截。

沈从文十分清楚要是真的让丁玲走了，待会胡也频气消了麻烦的还是自己，且不说上海这么大找人不好找，每次陪着他们这样闹，自己想来也十分可笑，还要一边担心着。这吵架终于告一段落了，昏暗的天最后还是风平浪静，但风平浪静的背后，也许不久就是腥风血雨。

不久后，丁胡二人前往杭州，沈从文以为没有什么大事了。他不知道冯雪峰也在杭州。三角般的恋情将三个人拉扯在了一起，胡也频到杭州六天后再次前往上海找沈从文，在沈从文的劝说下胡也频重返杭州。但此时沈从文还是不知道整件事情的真相。

每个女子心中都有一个想象中美丽而浪漫的爱情故事，结局也许不是幸福地在一起，但必定曾热烈而真挚地爱过。像飞过花丛的蜜蜂蝴蝶，看到自己中意的花便停留在那儿，花儿总会凋谢，蜂蝶总会离开，而记忆会停留在相吻的那刻。丁玲对冯雪峰爱得深沉而真挚，也曾想过在一起，犹豫过，等待过。

可惜冯雪峰毕竟是与胡也频不同的，他没有胡也频对丁玲那般热烈的情感。丁玲在等待的，他完全没有意识到，他只懂得丁玲教会了他爱情，却未想过让丁玲离开胡也频到自己身边。冯雪峰表达的只有对丁玲的情，没有说过让丁玲跟他走，而丁玲等的便是这一句话。冯雪峰到底还是看淡了丁玲对他的感情，或者说在这份感情的世界，冯雪峰失了那份勇气，多了一份怯懦。

在遇见冯雪峰之前，或许丁玲还可以将她与胡也频之间的感情看作爱情，遇见冯雪峰，她才明白自己与胡也频只能是思想和情谊上的融合，不是"柏拉图"式的爱情。如果真正相爱是不会止于此，那份情感理应该是炙热的。丁玲与胡也频之间的同居，只是两个人一同生活在同一屋檐下，哪怕一起睡觉，也不会有过多的肢体接触。

丁玲与胡也频有着深厚的情感，只不过不能称为爱情。对于胡也频，丁玲在思想上与其有着高度的一致，生活在一起久了，也有了十分难以割舍的感情。而胡也频对于丁玲的那份挚爱，实在太过热烈，以至于引发两人平日里的许多矛盾。面对丁玲对于冯雪峰的感情，胡也频无可奈何，以至于告诉丁玲，如果她离开自己，自己便自杀。丁玲从来不觉得自己爱上冯雪峰有什么难堪，也十分坦然，当然，丁玲从未向沈从文和胡也频认真说过自己对冯雪峰的爱意。

冯雪峰始终缺乏对于爱情的那丝果断和勇气，一个男人这样，自然会令女子缺乏安全感。如果冯雪峰再霸道一些，丁玲也许会任性一次。然而最后丁玲还是没有得到那句话，虽然爱，但那种疯狂已经被消磨殆尽了。

丁玲最后还是理智地对待了这件事情，不再理睬冯雪峰，也不回信。她一生中只爱过冯雪峰，可这件事丁玲也未曾告诉过他。丁玲于1931年和1932年写的两篇《不算情书》里面都是对冯雪峰满满的深情。她甚至说她与胡也频接吻时幻想着冯雪峰，她想哪怕有一次也好。大概可望而不可得的爱，说的就是丁玲对冯雪峰这般吧。也许是不想让自己为情所困，也许是觉得原本就是无果的缘分，二人终是断了联系。

"总之，我和他相爱得太自然太容易了，我没有不安过，我没有幻想过，我没有苦痛过。然而对于你，真真是追求，真有过宁肯失去一切而只要听到你一句话，就是说'我爱你'！

你不难想着我的过去，我曾有过的疯狂，你想，我的眼睛，我不肯失去一个时间不望你，我的手，我一得机会我就要放在你的掌握中，我的接吻……我想过，我想过（我到现在才不愿骗自己说出老实话）同你到上海去，我想过同你到日本去。我做过那样的幻想。假使不是也频我一定走了。

假使你是另外的一付性格，像也频那样的人，你能够更鼓励我一点，说不定我也许走了。你为什么在那时不更爱我一点，为什么不想获得我？你走了，我们在上海又遇着，我知道我的幻想只能成为一种幻想，我感到我不能离开也频，我感到你没有勇气，不过我对你一点也没有变，一直到你离开杭州，你可以回想，我都是一种态度，一种愿意属于你的态度，一种把你看作最愿信托的人看。"

以上是丁玲《不算情书》中的片段，足以清楚说明三人间的关系。

走过千山万水，终是遇见了那个人。刹那间，人山人海中唯独感觉到了他，知道他便是那个人。奈何没有早一点相遇，对视的瞬间心跳不止，可手上牵的却是另一个人。双眼对视时，那人也流露出满心欢喜，看到那双牵在一起的手，目色便暗淡了，与夕阳一同沉入了黑夜。这段相遇是茫茫道路中的惊鸿一瞥，却占据了丁玲的一生一世。

爱情本是缥缈的雾，热时化作气蒸发了，冷时又变成了雪，捉摸不透。若是多一句，可能是争吵；若是少一句，也许便成了别离。在纵横交错的这张网，无数的路，拐来拐去，重逢与相遇都要看缘分。

遇见时，觉得不是好时候。别离后，想要远远看一眼，却再未看到。所有的一切都与预想的不一样，生活不是戏剧，人生也没有既定的剧本。在身边的不一定是爱的人，在做的事情也不一定是喜欢的。有的时候，明明编织了许多光景的梦，一瞬间就放弃了。后来走下去就是自己的人生了。

没有什么是注定的，至少对于丁玲的爱情而言。如果丁玲不曾学日语，也许她依旧有无数种方式与冯雪峰相遇。现实中，丁玲与胡也频一直携手走到了胡也频生命结束，两人育有一个儿子。这段故事不知沈从文怎样看，是否完全知情。这只是一段寻常的爱情故事，不算悲凉不算欢快，也说不清是否幸福。不是所有的爱情都如沈从文与张兆和一般幸运。

2. 生活的绝望混合着理想的激流

那是一段不怎么华丽、有着心酸也带着阳光的日子，特别的日子，特殊的记忆在未来走过千山万水后也未能遗忘。最艰难的岁月往往有理想的支撑才能继续下去，当时的日子对于沈从文而言，已经基本达到了心理可以承受的较高点，理想正在艰难地攀爬着，黑暗与光亮交替着，模糊着视野。那些理想夹杂着生活的脚步，混在一起，没有规律的脚步印在时间的白巾上。

晚年，有学者问沈从文去往北平的初衷是什么，沈从文回答说是为了独立。现在，沈从文正在为了更好地独立而日夜不停地忙碌，为生活，为作品，为思想。文字正在炉火纯青，思想和意识也正在慢慢积淀。成熟，用这两个字来形容沈从文与初到北平时的差别最为正确。不过，当下的北平似乎已经不比从前了，上海的出版业与文学正在欣欣向荣地发展着，此后更是大张旗鼓，声势浩大。沈从文便独自一人离开北平，前往上海探看一番。这次离开，又是新的一条道路。

沈从文 1927 年来到上海，不久后便再次北上陪同母亲看病，而后将母亲与妹妹也接到上海。当时，丁玲与胡也频已经从杭州回到了上海。胡也频接手了创办一本副刊的工作，独自创办刊物一直以来都是三人的梦想，在北平时，三人就预想甚至是计划了许多关于创办属于自己报刊的事项。

起初，胡也频是由沈从文推荐给《中央日报》的主编来主持编辑副刊，这本副刊取名为《红与黑》。这份副刊的创办，激起了三人想要自己创刊的那份理想，曾经的纸上谈兵现在也许有可以实现的机会，三人都十分赞同试着自己创刊，也都十分热情。三人达成一同开始办刊物的共识后，沈从文十分激动。

等沈从文从北平回来后，三人聚在一起，便开始筹划关于杂志的事宜，三人每天都围在一起商量这些，沈从文午饭也会在丁玲、胡也频处解决。对于三人来讲，新刊物的策划最为重要，毕竟这是一个刻在心中四年的梦想，现在这个梦想离他们是那样的近，有点让人不敢相信。这样的日子持续了一段时间，因为一些原因，胡也频与丁玲决定搬家，大约一个多月后，丁玲、胡也频与沈从文及其母、其妹住在一起。这样更加有利于三人共同创办刊物。

梦想是心中荒漠渴求的绿洲，兜兜转转也许就会看到那方绿地，未来与前方是不可知的，也许迈出一步就触得到想要看到的风景，也许跋山涉水也见不到梦中的风景。但无论如何，至少要走出那一步才知道答案。办刊物自然是要花钱的，沈从文、丁玲、胡也频都没什么钱用于办刊物，各自维持生活已经算是不易了。好在胡也频父亲正好路经上海，得知了三人想要独立创刊的想法，拿了一千块给胡也频。

刊物的事情开始正式筹备起来，三人总共策划了两本刊物，一本叫做《红黑》，主要由胡也频负责，另一本叫做《人间》，由丁玲与胡也频共同负责。《红黑》的名字是沈从文取的，"红黑"两字是湘西人的说法，是横竖的意思，放在话里来讲也就是不管怎样。这是沈从文当时生活的写照，这样的一个时代，不管怎样都是要生存下去的。

由于没有其他人力财力，《红黑》整个筹备过程中的一切大小事务均由三人负责。可以说，仅仅是三个人的力量撑起了这本刊物。这是相当不容易的事情。小到购买纸张和寄出书籍这样的事情，都要自己来做。虽然在理想的道路上越走越远，但是生活的艰苦是不可忽视的现实问题。沈从文除去筹办刊物的时间外，几乎都在写作，当时上海涌现出了许多新的书店，出版业日渐繁盛，给了沈从文这样的作家更多的机会，也间接促成了新杂志刊物的创办。不过此时沈从文还在为了最现实的生存问题而焦心，也许是不忍心看沈从文这样辛苦，母亲在 1928 年年底离开上海，独自返回湘西老家，此时，《红黑》还在筹备的最后阶段，第一期尚未发行。

等待是漫长的，岁月的身影在斜阳下，留下了属于自己的记号。终于，1929 年 1 月，两本刊物都成功发行了第一期。《红黑》于 10 号发刊，《人间》于 20 号发刊。对于三人而言，这绝对是值得纪念的时刻，心中留存那么久的梦终于实现了，这是伟大的时刻。

《红黑》刚发行第一期时，三人便迫不及待地前往上海各大书店观望出售情况。书橱上整齐陈列的一本本杂志中，有一本属于他们，一想到这里，三人既骄傲又兴奋。进入书店，一眼便可以辨认出自己亲手创办的刊物，"红黑"两个大字十分显眼地印在封面上，大气又有风骨。看到有读者翻看或者购买《红黑》，三人便开始露出得意的神情，相视一笑。

费了许久的心血，销量自然也十分可观。仅在上海，《红黑》便卖出一千本，超出了预估。此后，在其他一些地区的朋友也愿意帮忙发行，还有来自各地的订购。《红黑》初期来讲是成功的，不论文章还是销售。于是，三人决定将《红黑》的发行量提至每期五千册。那一年，《红黑》这本刊物是大家的重心。尽管各自都有写稿或其他事情，但没有哪样能超过这本刊物在他们心中的地位，几乎所有的热情都给了这刊物。

当时，大多数作家或多或少都有自己的立场，因此也生出了不少派别。沈从文的独特之处就在于他成了作家，却从未依附任何作家团体。在沈从文心中，文学作品要与这些不相干的事务分开来，尤其是政治方面。文章本应该是纯粹的，不要夹杂其他成分来向大众传达信息。单一的文学创作才是最本真的。这也是当时三人较为一致的看法，《红黑》就是为了这份独立而存在，不依附于什么，只静下心来搞文学创作。

生活的绝望混合着理想的激流，《红黑》虽然让沈从文看到希望，却也占据了他许多时间。这样一来，沈从文只能花费更多的时间来写稿，才能得到和以前一样的稿费。因为忙碌和多年来积攒下来的病根，沈从文的身体时常处于十分虚弱的状态。理想在继续，心中的绝望也在不停地叫嚣着。用笔杆过日子是沈从文的理想状态，可从沈从文拿起那支笔开始，从来都是为了生活而担忧，贫困像山洪一样，不停地扑面而来，躲都躲不开。

时间久了，成了常态，也越发地打击沈从文，心中的愤懑忧伤渐渐被激发出来。母亲患了肺病，九妹还要继续上学，这些无疑再次加重了他的负担，以至于最后母亲决定离开上海。也是这种生活对沈从文的苦苦纠缠，让二十多岁的沈从文从未有过对恋爱，对女性的渴望，这也表现在他的一些作品中，正常的生理需求所激发出来的心理，甚至让他怀疑自己。

看着天，看着河，在生活的洪流里放逐自己，随着洪流冲刷出来的这些线条一步步走下去。欢喜是偶尔的，悲伤是持久的。也许只是在纯粹写作时，沈从文才能感受到那份作家独有的兴奋，满腔热血洒在纸上。生活总会用自己的方式将幻想家带回现实，沈从文早已是名副其实的作家，知道他的人已经非常之多，连坊间小报也开始写他，造谣说他买了一幢大房子。沈从文得知后只得苦笑，作家不一定生活优渥，沈从文正和读着他文章的一些人一样，还无法解决自己的温饱问题。

问题的根源在于当时社会上存在的一些问题，书店支付的稿费并不多，而且还会有拖欠甚至赖账的行为。连出名后的沈从文都不得不面对这些问题，其余小作家就更不用说了。1928年和1929年，沈从文出名到了几乎上海所有的书店都有他的作品，并且往往会向其主动邀稿，借沈从文的名声打头炮。这样一来，更多的人便知道了沈从文，但现实境况却与读者想象的截然不同。

大多数人必然以为这般有才华，而且频繁出书的人生活必定十分丰富精彩，又或者本来就是个公子哥，写东西这种事情大众是做不了的。显然，这只是世俗的看法，真相，除了书店老板和沈从文身边的朋友，几乎没有什么人知道。

沈从文经常亲自到书店讨要稿费，而这稿费通常是会被一直拖欠，然后不了了之，往往只能拿到不多的一点。沈从文有时会静静地看着，人来人往的书店里人们翻看或购买书籍，没有人注意到他。沈从文只是在想有人买书，也有人卖书，买卖双方都有收获，自己这写书的人却变得如此可怜，说出去可能都没有人相信。怀揣着这份悲哀沈从文离开书店，那笔剩余的稿费自然是再没了消息。

这些内心的想法始终表现在沈从文自叙式的文章中，这也是沈从文最后一批自叙式文章。《一个天才的通信》《不死日记》冗长而充满了对生活的绝望之感，主人公都是处于贫困与黑暗的社会背景下，最后由于病痛等的折磨结束了自己的生命。这是沈从文内心情绪发泄的出口，绝望之感与死亡二字常常出现，沈从文将这些负面情绪消散在文章中，自己依旧带着对未来的那份期望继续奋斗着。

艰苦生活和社会造就的这份境况并没有改变沈从文内心最深处的想法：独立的文学创作。这条路贯穿了沈从文的一生。沈从文从始至终的这份坚持也是十分不易，将真实作为自己唯一的信仰。带着这份信仰去做事、生活、写作。

开始便意味着终有一天一切可能都会结束，还走不到终点。当时虽然有新刊物出版的时机，但也意味着竞争。1929年4月，《人间》便面临停刊，由于资金不够充足，只能停止策划发行《人间》，将资金集中投放在《红黑》上。尽管如此，《红黑》最终也没有能避免《人间》的悲剧。这两本新刊物还没有走完一年，就由于资金链不充足，被迫中断。

沈从文后来也一直想要继续重办刊物，可惜这一想法只能随着胡也频的离世而画上句点，成了永远不可能的想法。刊物没有一直办下去，但这一年终究是有不少收获的。除却四期的《人间》和八期的《红黑》外，还有一本由红黑出版社出版的《二〇四号丛书》，二〇四号是当时三人的住址号码。这一切被迫中断后，经三人计算，这一年来不仅没有赚钱，还欠了许多债务，文学与商业毕竟是两门学问。

稍纵即逝的烟花短暂而美丽，瞬间便已经画出了永恒。理想与奋斗写下了"红黑"这两个大字，独立是种信仰，也是文学创作者最本真的一面。起风了，吹散了一片云烟，独留一个背影，摇摇晃晃而又坚定无比地走向远方。

3. 我明白你会来，所以我等

寻寻觅觅，等待着回眸间看见那双眼，然后深深陷入其中。视线交织的一瞬间是心的沉沦，一见钟情是流转在耳边生生世世的爱恋。不经意间的回眸开始了一日一日连绵不断的相思，藏在心间的一幕幕动人景色，荡漾着整颗心。深深地注视着那人，不知道该如何表达自己这颗真心，一串串想念组成一首首情诗，情深意浓。

1928 年，26 岁的沈从文终于遇到了自己的爱情，一见倾心，不能自拔。彼时，沈从文与张兆和还是师生关系。

漫天飘零的大雪为北平披上了冬衣，一月份刚刚跨过，新的一年却还未迎来爆竹声。这样的光景伴随着沈从文离开。沈从文独自来到了新的城市：上海。沈从文到上海不久后，徐志摩写信邀请其回北平。沈从文并没有想要回北平，便透露了自己想要在上海读书学美术的想法。后来，沈从文没有如原先想的那样去读书，而是在徐志摩的推荐下，在胡适任校长的上海中国公学教授一年级文学。沈从文与张兆和得以认识，也正因此机缘。

当时，张兆和是上海公学一年级学生。比起第一次见到张兆和，沈从文的第一堂课更加让人印象深刻，也算是当时一大笑谈。沈从文虽不至于捉襟见肘，但当时经济状况并不怎么好。第一天上课，为了不失了面子，沈从文从法租界来学校时，专门租了一顶黄包车，花了八块钱。而沈从文讲一堂课一个钟头，才能拿六块钱。因为沈从文当时已经小有名气，来听沈从文讲第一堂课的人挤满了教室，沈从文来到教室，看到人很多，沉默了许久，都没有讲一句话。

这种紧张和害羞是沈从文人生中绝无仅有的。想要开口，喉咙却像是被堵住了一样，发不出声音。刚开始大家都十分安静，见沈从文许久都不说一句话，大家便开始窃窃私语了，窃窃私语一阵后，教室又回归到了安静，甚至有的女生也被沈从文弄得害羞地低下了头。沈从文终于开始讲课了，也许是因为太过紧张，沈从文讲得飞快，原本需要一个小时才能讲完的讲义，沈从文十分钟就讲完了。教室再次陷入了安静，带着几分尴尬。沈从文提笔在黑板上写下：第一次上课，见你们人多怕了。

后来胡适听到学生们谈笑沈从文，也笑笑说："上课不说话，学生们不赶他走就是成功。"胡适也是十分开明的人，当时让沈从文做大学讲师，已经是十分破格和少见的了，毕竟沈从文只是小学毕业而已，张兆和自然也听了沈从文的第一节课，不过当时沈从文实在是太过紧张，并没有注意到张兆和。

渐渐地，沈从文在上课时发现了这位样貌出众，皮肤略黑的女子。虽然并未交流过，张兆和身上散发的气质特别吸引沈从文。就这样随着上课时间的流逝，沈从文的心间填满了对张兆和的爱意。上课偶然间瞥到张兆和，他便立马移开视线，脸似乎都要烧红了。时间久了，这份感情在心间酝酿得更加浓厚，沈从文不知如何表达自己的这份爱意，简直要发疯。

讲台与课桌间不近不远的距离，成了沈从文难以跨越的沟壑，遥望着，幻想着，任心中的爱恋弥漫成一江春水。沈从文想要当面向张兆和诉说这份爱意，也许沈从文是天生的文人，当面讲话总是说不出那份感觉，明明是要表达自己的爱意，却总是问一些无关紧要的问题，张兆和觉得奇怪，却又觉得是自己多想了。

这份爱就这样僵持着，张兆和不知道，沈从文不知如何表达，但心中笃定今后陪伴在自己身边的人儿会是这位女学生。而女学生只是在课本间和悠闲的少女时光中游走，不知道已经有人预订她做太太了。

相思冲撞着身体里每一根神经，可望而不可得。由心中散发出来的那份爱，真是快要了沈从文的命。一种从未有过的感觉，翻江倒海般充斥在身体的每个角落，沈从文终于忍不住提起笔来写下那些深情的文字，好让心中那份沉甸甸的爱有个释放的地方。

一份又一份的情书绵绵不绝地到了张兆和那儿，对于沈从文而言，这是心中真实情感的倾诉，但对于张兆和来讲，这些都让她措手不及，更多的是惶恐和惊讶，她不知道怎么办，似乎也不怎么理解这份热烈的感情。只是这些信件读起来的确让人脸红，张兆和不知道应该怎么办，只好不理他，任由沈从文继续寄情书。

一篇篇情书如同春风袭来，吹动着窗前的风铃，摇曳出一场梦境。那句"我行过许多地方的桥，看过许多次数的云，喝过许多种类的酒，却只爱过一个正当最好年龄的人"，说的就是这般爱恋吧。沈从文的文采毋庸置疑，张兆和读着一封封情书，害羞又被那文采吸引着。彼时张兆和的追求者众多，沈从文被编号为"青蛙13号"，张兆和对于这些都不予理睬，沈从文吸引张兆和的怕是那一封封动人的书信，彰显出的那份独有的才情。

可沈从文爱得越深情，张兆和越不回应，这份爱也越发地让沈从文有些自卑起来。

"莫生我的气，许我在梦里用嘴吻你的脚，我的自卑处，是觉得如一个奴隶蹲到地下用嘴接近你的脚也近于十分亵渎了你的！"

"爱情使男人变成了傻子的同时，也变成了奴隶，不过，有幸碰到让你甘心做奴隶的女人，你也就不枉来这人世间走一遭。做奴隶算什么，就算是做牛做马，被五马分尸，大卸八块，你也是应该豁出去的！"

这些都是沈从文写给张兆和情书中的片段。爱得深沉又渺小。

张兆和一心放在学习上，对于追求她的人都不予理睬，有时候会一天收到几十封情书。但是对于沈从文，这位自己的师长，她确实不知如何处理，只得不理睬。任谁想这也是件荒唐事，师长接连不断地写情书给一位十八岁的少女，的确有些不合适，张兆和只是害怕这件事被人知道。彼时张兆和认为自己是不爱沈从文的。

爱情像一片泥沼，沈从文毫无预兆地陷了进去，却得不到救赎。那人儿优雅的背影就在眼前，却始终等不到她伸出手带自己离开这摊泥沼。沈从文等不到回应，爱情此时真的成了一种负担，已经快要击垮了他。沈从文开始暴躁起来，他想要的答案，张兆和从未回应。

也许自己一番真心从来没有被重视过，也许只是成为大家的饭后闲谈。沈从文心中的那份痛苦一直在无限放大，以至于他竟然想到了自杀，他觉得如果张兆和拒绝他，他只好更加发奋或者自杀，而自杀这个念头显然更加深地占据在他的脑海中。张兆和听到这个消息后，无奈之下只好拿着那一沓沓信去找校长胡适，希望由胡适出面，好让沈从文死了这条心。

只是张兆和没有想到，胡适听自己讲完事情的始末缘由，竟然觉得没有什么，只是一件平常事。还笑嘻嘻地说："他文笔好，没事你们多通通信也好。"最后，张兆和只得无奈离去。这件事暂且告一段落，沈从文自然也没有自杀。沈从文继续写着情书，张兆和像是习惯了似的，读着沈从文的一封封情书，感受着字里行间沈从文独有的才情。比起刚开始的不自然和莫名其妙，现在这些情书似乎显得平常了许多，张兆和不知不觉间从抗拒变成了接受。

风轻轻吹过，花瓣漂浮在空中，撒下一片芬芳。爱慢慢打着节拍一点点靠近，像和煦的阳光伴着微风，温暖而又打动着心灵。张兆和心里开始慢慢接受沈从文，也许她自己还没有意识到这份感情。

日子一天天走过，回忆和现实都是满满的情书。一笔一划写下的文字洋溢着初春时的气息，冬雪时的浪漫。春风轻触，夏日炎炎，秋果累累，冬雪飘飘，就这样走过了四季。一年又一年，埋藏在心底的种子终于开始萌芽生长，候鸟飞回又离去，时间久了，原本不习惯的事情已成了一种习惯，毫无关系的两个人生出了感情。四年来，沈从文一直写情书给张兆和，张兆和也一直读着这些感情饱满的信。这像是两人间的约定一般，虽然张兆和依旧始终没有表态。

时间如白驹过隙，沈从文心中那份爱恋没有任何消退的迹象，他想要一个明确的答案。张兆和当时已经从上海公学毕业，沈从文正在山东青岛大学任教。这场漫长而又不失美丽的爱情，终于要迎来新的未来了。沈从文去到张兆和家乡苏州看望她，没想到张兆和正好外出了。

沈从文只见到了二姐张允和，二姐想要挽留沈从文等张兆和回来，可是沈从文只是留了旅馆地址就走了。其实沈从文有一些被戏弄的感觉，他以为张兆和只是不想见他，而他自己却又自讨没趣。正在沈从文在旅馆生闷气的时候，听到了敲门声，没想到开门竟看到了张兆和。张兆和只是站在门外，侧着身按照二姐教她的那样说道："我家兄弟姐妹多，想请你过去玩玩。"

仅仅只有这一句话，沈从文也已经十分雀跃了。不知什么时候，在不知不觉间，张兆和习惯了沈从文出现在自己的生活中，隐隐约约也产生了感情。沈从文似乎也十分得张兆和二姐的欢心，而沈从文也格外信任二姐允和。沈从文在苏州待了几天后离开，回去后沈从文写信拜托二姐张允和帮忙询问张父的意思，也开玩笑似的对张兆和说："如爸爸同意，就早点让我知道，让我这个乡下人喝杯甜酒吧。"

当时，张兆和在心中想必是已经认可了沈从文，也被这"乡下人"的执著所感动。张兆和虽然出生在大户人家，家中算得上是名门望族，不过父亲是十分开明的人。儿女婚嫁全凭自己自己意愿，各方面条件都不设限。基本上是只要女儿喜欢就可以。

张家共四个女儿，全部都是这样结婚的，所以对于沈从文与张兆和，自然也没有不同意的。这件事情便这样敲定了，那年是1932年。父亲答应这件事情后，张兆和张允和两姐妹都回了电报给沈从文。二姐张允和只回了一个"允"字，张兆和颇有意思地回复："乡下人，喝杯甜酒吧。"

沈从文收到了电报，自然是开心不已。这场长达四年的爱情长跑总算得到了一份答案，这答案已经让沈从文心满意足。两人也渐渐开始通信，互诉衷肠。守望的距离慢慢拉近，终于嗅到爱情的芬芳，沁人心脾。

爱情是漫长岁月中可遇不可求的一隅，恰好路过看到那片风景的人是幸运的。刹那间，眼前一亮，终于找到了深藏心间那份情愫的源头。只一眼，便再也不可自拔。四年多的点点滴滴，刻在了时光的记忆中。

理智被一股脑冲上来的爱意淹没，他开始不顾一切，度过了欢快的、无望的、思念的、痛苦的日子，终于喝到了心心念念的甜酒。接下来的日子便是携手共度一生。寻你，在灯火阑珊处；等你，在漫天风雪中；爱你，在每时每刻里。

4. 命运难测，人生无常

生活不是一条直线，数不清的曲折交织在一起，构成生活的轮廓，重重叠叠，好的坏的，红的白的通常都一起发生着。一个个圈子紧密相连，彼此影响着。沈从文追求张兆和的同时，身边也发生了许多令他精疲力竭的事情。其中最让沈从文受打击的，是胡也频与徐志摩的离世。

生活的悲欢无常，命运的颠沛流离，欢喜与悲哀，一切都捉摸不定。一场场即兴上演的舞台剧，没有人知道下一幕的场景究竟如何，有谁来到，又有谁离去。比起改变与挽回，更多的是承受。

1930 年秋沈从文前往武汉大学任教，寒假时重回上海。沈从文、丁玲、胡也频三位好友，时隔半年终于又在上海重遇，这也是三人相处的最后时光，七年的友谊也即将画上句点。此时，丁、胡二人的儿子已经出生。丁玲与胡也频已经变成了狂热的左倾文艺工作者，沈从文在武汉就有听到许多关于他们俩这方面的消息，为此沈从文一直很担忧他们的处境。原本一起创作的朋友已经不再专心文学创作了，沈从文心中自然免不了惋惜，也一直想要再重新一同办杂志，可是三人的理想与文学已经产生了分歧。

丁玲与胡也频对于现在这番理想十分肯定，他们自觉看到了许多，要为救国救民出一份力，也试图劝导沈从文加入他们，与他们还有广大爱国人士一起奋斗。沈从文觉得他们只是看到了冰山一角，并未对此有全面认知，这样鲁莽的行为还是有些幼稚，不要将自己处在如此危险的处境，白白去做牺牲品。而对于丁、胡二人而言，沈从文还是那个胆小怕事，只能写写文章的人。虽然在这件事上谈不拢，但三人那份情谊依旧在。

寒风凛冽，这个冬天注定要发生什么不寻常的事情。丁、胡二人参与政治活动，一直让沈从文觉得他们只是空有一番热情，还不够冷静。果然，沈从文一直以来担心的事情还是发生了。

沈从文刚回到上海不久后，胡也频所租住房屋房东的儿子去世了，胡也频去找沈从文，想他帮忙想一副挽联。两人一同出门，胡也频说是先去买写挽联的布，只是没想到这一次简单的分别竟是最难忘的离别。

墙上的时钟走过一圈又一圈，沈从文看着时间一分一秒走过，胡也频却还没有回来，慢慢地变得焦躁了起来。直到傍晚，胡也频还是没有到来，沈从文感觉也许是出事了，连忙赶到胡也频家去看，丁玲正在哄孩子，胡也频不在家。沈从文已经十分担心了，但丁玲并没有感觉紧张，还说今天胡也频没有去哪里，不可能出事的。时间过去得越久，让人也感觉到事情似乎越发的不对劲。丁玲也觉得可能真的出了什么事情，慌忙去找朋友询问，可哪里也没有胡也频的消息。丁玲与朋友互相安慰着，期待着胡也频只是遇到了什么别的事情，而不至于是被捕了。

这一晚，过得十分漫长，星辰摆在空中不肯就这样消散。天空黑得寂静，压抑着心中的那份慌乱，辗转反侧，忧心的人始终不能入梦。脑海中印着那张面庞生死未卜，未知的慌乱焦急了等待的心。天空终于露出了白肚，黑色渐渐褪去。天色昏沉，不知是晴是阴。沈从文心中基本已经确定胡也频被捕了，考虑到丁玲现在出面，实在太过危险，便由沈从文出去四处打听消息。

沈从文这一天跑遍了整个上海市，四处打听是否有见到抓捕事件，甚至还托人去警局打听。焦急的一颗心伴着对好友的担忧，沈从文拖着疲倦的身子不停地寻找着。城市街道纵横，交错往来的人们自在地走着。腿已经失去力气，却始终没有得到一丁点儿有用的消息。从白天到黑夜，阳光照射的方向一点一点偏斜着，沈从文的心也一点点下沉着，他不知道如何才能帮助挚友脱险。毫无准头的寻找什么结果也没有，沈从文除了着急，再也没有什么别的方法。

天色渐浓，沈从文身心俱疲地回到了公寓。只看见一位老人在他公寓门前拿着一张字条，原来胡也频真的遇难被抓了。这老人是看守的狱卒，受胡也频之托前来沈从文处送信。信上大致说了一定要尽快解救他，越拖会越麻烦，可以去找胡先生与蔡先生。

沈从文拿了钱给这老人，让其帮忙带一张字条给胡也频，不过老人最后只同意带口信。沈从文让老人告诉胡也频不要心急，自己和朋友一定会想办法保释他出来。之后沈从文便拿着这张纸条赶到丁玲处，丁玲拿到这有些发旧的纸条，看到了上面一行行铅笔字，认出那是胡也频的字，当下情绪就激动了起来。

回想胡也频被抓时，那一天是 1931 年 1 月 17 日。胡也频被抓只是巧合，并没有进行什么与左倾有关的政治活动。当时有一部分人不满刚举行不久的四中全会，于是在东方饭店举行了一次会议，与会人员大多都是对此次四中全会有意见的。胡也频是正好碰到同学，被一起拉去参加会议的，而东方饭店有地下党的联络点，当时已经被发现，所以有许多特工伪装在饭店周围埋伏。那天刚开始去，饭店就已经被包围了，会议开始不久就有人闯入，与会人员全部都被抓了，胡也频也是如此。事情似乎听起来很简单，但救起人来远比想象中的要麻烦很多。

热血的年代处处充满着这样的故事，生与死由不得自己做主。漫长而又冷酷的夜晚每个人都担惊受怕，好在有理想的火种照耀着心灵。朋友之间的那份情谊，成了最可贵的绳索，似乎也是唯一逃离牢笼的希望。沈从文对于胡也频也是真感情，他听从胡也频的想法，写信给胡适、蔡元培等德高望重的名人，甚至亲自前往南京，请求一些国民党内身处要职的人，希望可以帮助胡也频，可这些人都拒绝了沈从文，怕会给自己带来麻烦。

沈从文前前后后因为胡也频差不多去了十次南京，最后都没有什么结果。甚至还将蔡元培写的一封至上海市长的信带去给上海市长，可依旧没有什么消息。当时沈从文已经没有任何想法，只想救胡也频一命，早已不顾自己的处境和未来了。营救未果，沈从文又向武汉大学续了一个月假期。

去探望胡也频的日子，是丁玲与沈从文心中永远不能忘却的记忆，这是丁玲与沈从文最后一次见到胡也频。雪花飘零，小小的一朵朵洒在地面上，还来不及堆积便融化了。看着一幕幕街头熟悉的场景，回想着三人过去在一起的种种。怀里抱着要拿给胡也频换洗的衣服与被褥，两人心里沉甸甸地走向龙华监狱，生怕看不到胡也频的身影。

排队等候了一个上午，在人走光后，两人拿十块钱给狱守，狱守答应让胡也频写一张字条递出来。突然，沈从文看到了一个熟悉的身影，他马上指给丁玲看，丁玲看到便大喊到："频！频！"胡也频手上带着铁链，扬起手来跟他们打招呼，只是瞬间便消失不见。对于丁玲来说，这一眼就足以让她激动万分了。至少胡也频还活着，她亲眼看到了他，这为丁玲带来了更多的希望。只是谁也没有想到，这一面竟是永别。

离别是午夜翩翩响起的小夜曲，悠扬又略带忧伤，离别之后便可能不再相见。看着天边的云雾即将离去，天色放晴，只是雾散了，云也失去了踪影。天色依旧灰暗着，沈从文和丁玲一同前往南京想办法，可是没有想到，他们刚回到上海就收到了胡也频已经被处决的消息。处决的日期是2月7日，他们托熟人拿到了胡也频被处决后的照片。冬天快要过去，可是春天究竟在哪呢？

胡也频的离世，对丁玲和沈从文而言都是极大的打击，现在却不得不面对这个事实。丁玲在胡也频去世后，从未在朋友面前流下过一滴泪，对于丁玲的这份坚强，沈从文发自内心地敬佩。人生最悲凉的事情，莫过于朋友永远的离世，再也没有续写下一章节的可能。一切就静止在那个点，那幅画面成了永恒，无论是美还是平凡，都不再会有任何改变。

沈从文虽然对于死亡已经司空见惯，但对于自己认识了七年的知心朋友的离去，他依旧很难承受这份痛楚。这与以往他所见过的死亡都不相同，一个活生生的人就这样离开了这个世界。沈从文费尽心思也未能挽回他的性命，那绝对是尽了全力。这个时候，沈从文开始怀疑人与人之间的关系，它太难以捉摸。

无法握在手心的岁月，一点点地溜走，伴着喜欢的与不喜欢的事情。也许可以掌握人生的方向，成为自己想要成为的人，可是许多的事情却完全由不得自己掌控。生与死是大事，身边人的离去多少会在心间留下不可磨灭的痕迹。看着这些曾经慷慨出现在自己生命中的人，也毫不吝啬地离去了。不久后，沈从文怀着悲痛的心情写下了长篇文章《记胡也频》。里面写道："我觉得，这个人假若死了，他的精神雄强处，比目下许多据说活着的人，还更像一个活人。我们活在这个世界上，使我们像一个活人，是些什么事，这是我们应当了解的。"

胡也频成为了国民党政治的牺牲品，沈从文想要重新办杂志《红黑》的念头也彻底打消了。丁玲在胡也频去世后十分坚强，更加坚定地献身革命，参与政治活动。而沈从文因为耽误了去武汉大学的时间，也没有再去了。

同年秋天，沈从文应邀前往青岛大学继续授课，两个月后沈从文正和朋友一同喝茶，没想到听到了徐志摩飞机失事的消息。徐志摩的离世让沈从文十分心痛，毕竟对沈从文而言，徐志摩有知遇之恩，也是彼此欣赏的朋友。

这样平白无故的离去，让沈从文开始有些接受不了。一月份胡也频的离世，已经使沈从文十分心痛了，没想到年末又有一位朋友离去。这样透着寒冷的天气，让人心更加感到冰凉，毫无预兆的离开，刺激着每位朋友的心。

11 月 21 日，听说徐志摩出事，当晚沈从文便与几位朋友一起坐夜车赶去济南。22 日，沈从文到了之后，看到了徐志摩的灵柩。亲眼看到这些，更加令人措手不及。沈从文从心底感受到那份悲伤，离开的人面庞十分安详，可越是这样，留下的人心底就越难受。死亡成了这样简单的事情，对于还在这个世界上的人，悲伤却无处安放。

时间还长，未来的脚步从未停歇。沈从文被卷在一片惊涛骇浪中抽不出身，一朵朵浪花打向他的身子，水流蒙住他的眼睛，这一切都难受极了。他未曾止步，他只是在静静地等待，在等待中沉思，希望能有一个答案彻底救赎他。

生命像是好不容易连接成的梦，却是如此脆弱，随时可能会飘零四散。晚风轻轻吹拂，带走了些什么，又留下了些什么。未来也会变得明白，人生不过来来去去，人与人之间的关系也不过这样，有黯淡的一面就有斑斓的一隅。沉思过后，一切还是要继续。

第六章
光阴故事·生命最旺盛的年华

1. 那些回不去的曾经

同样的事情在不同人的眼中是不一样的景色。坚固的磐石也有可能随风而松动，最后化作尘，消失不见，脆弱的心经不住一次次暮色的垂落，曲终人散也不过是最后一个音符落下的瞬间。

随着胡也频的离世，沈从文、丁玲、胡也频三人的友谊已经不再完整，只是剩余沈从文与丁玲两人维系着那份情谊。可惜天长地久的朋友情谊，不是每个人都有，人生那么长，总有事情发生，总有人要离去。

沈从文与丁玲的这段友谊最终还是不那么纯粹，渐行渐远了。一切的根源不过是旁人的闲言碎语时不时出现，让丁玲对沈从文的看法有了改变。听得多了，心里便有了疑虑，再加上一些巧合便信以为真，于是两颗心便疏远了。隐藏在这之后的真相，已经没有机会解开了，人一旦对内心某个想法深信不疑，便很难改变了。

一切的开始要从丁玲被捕讲起，1933 年丁玲在上海居住，沈从文在青岛教书。当时，沈从文与张兆和的婚事已经敲定下来了，张兆和正在青岛陪同沈从文，沈从文的生活多了一丝温暖。丁玲此时与冯达同居，5 月 13 日冯达被国民党特务逮捕，被捕后很快便供出了丁玲的地址。这件事情马上被一些报刊披露了出来，沈从文从报纸上看到这一消息，心存疑虑，觉得不可能。但又不放心，便托上海朋友打听，没想到丁玲真的被抓了。沈从文十分焦急，他害怕丁玲会像胡也频一样遭到迫害。他想起了一个个卷入这场政治活动中的朋友，他们曾经的音容笑貌深深地印在脑海挥之不去，沈从文十分伤感，也为他们感到不公。

沈从文不参与政治活动，也一直避免搅入其中，但每一次朋友出事他都义无反顾地站出来，尽自己所能去营救，胡也频被捕时是如此，丁玲被捕后，他更是如此。怀着一颗愤恨又慌乱的心，沈从文在丁玲被捕十一天后，提笔写下了《丁玲女士被捕》一文，于 6 月 4 日发表于《独立评论》。里面充满了对国民党这种做法的控诉，他甚至说了用政治控制艺术是十分不敢令人苟同的，还用了愚昧等字眼。从中可见沈从文对这件事情的愤怒与不满。在这种风头浪尖的时候出头露面，足以显示沈从文对丁玲的那份情谊究竟有多深厚。后沈从文又提笔写了《丁玲女士失踪》一文，来抨击这种不光彩，无法律手续的暗杀行为。

大约在同年六七月间，还没有丁玲的确切消息，报纸上什么样的消息都有，情况十分混乱，流传最多的便是丁玲已经被杀害。在那期间，沈从文也相信了这一说法，甚至还以此为背景写下了纪念丁玲的小说《三个女人》。但是后来又流传起了丁玲已经自首的消息，更有甚者说丁玲已经成功出逃，与其他男人同居在一起。许多小报也趁机来抨击和造谣丁玲的一些事情。沈从文十分坚信丁玲是被国民党暗中用非法手段逮捕，并且已经被杀害。对于这些中伤丁玲的文字，沈从文十分气愤，发表文章再次强调真相和抨击小报。以至于小报开始发布有关于沈从文的谣言，沈从文气到要打官司，对方才赔礼道歉。

这段时间丁玲并没有遇害，由于保证回家照顾母亲，再不参加相关政治活动才没有什么事，但行动却处处受限。为了脱离这样的境况，丁玲开始陆续在一些报刊上发表文章，隐藏求救信号，沈从文看到报纸后，得知了丁玲住处，便马上前往探望丁玲。

不知道是不是丁玲被关押看守时遇到了什么，还是心渐渐已经不那么暖了，清楚地认识到了人间冷暖。一起同居的男人竟然供出了自己，这已经增加了丁玲对人性的不信任。时间走得太快，这时已经是 1936 年了，交流被阻断，使得丁玲不知道沈从文为自己做了许多事情。

留不住的生命，守不住的感情，一颗坚强的心已经抛下了过往，失去了应有的温暖，铸成铜墙铁壁，没有谁能伤得了，也隔绝了曾经一同有过的同行路上的那些温暖。世界总在变，人心最琢磨不透的是那份感情究竟有多深，是否一切情谊早就不在心中了呢。经历的变故多了，免不了心灰意冷。丁玲应该就是在这种境况下误会了沈从文，而且是接连不断的。心冷了，没有发问，不想去问，时间停在那个终点，也许这曾可能是一个美丽的故事，可是接着走下去，免不了各自散落在天涯。

终于得到了一丝消息，黯淡了许久的阳光终于照耀在了心头，暖暖的，安心又开心。沈从文匆忙赶到了丁玲住处，也许是许久未见，刚见到总有些不自在，没想到，这在丁玲心中却有了一番新的解读。

丁玲后来回忆说，当时两人似乎已经产生了一些隔阂，话也不是很多，其实沈从文不必如此勉强来看自己。他大概是同情自己，而自己不需要这份同情。自己知道沈从文是胆小的人，因此他没有全力解救自己，自己也不怪他，只是不知道怎么回事，这次见面始终感觉和以前不同了。

人多口杂，丁玲还是少了份对友情的信任，在那样一个动乱的年代，对于大多数人来讲，毕竟生存下来才是最重要的。因为不够了解，所以选择了疏远。丁玲对沈从文的友谊已不像从前一样，听了许多他人的转述，便心灰意冷了。

首先，是丁玲听说 1933 年自己刚被捕的时候，有朋友想要用沈从文的名义接丁玲母亲到上海打官司，被沈从文拒绝。这件事让丁玲十分不理解，沈从文薄情寡义也不至于如此，这让丁玲十分失望。

沈从文与丁玲母亲也是认识的，在上海三人一同创办《红黑》时，丁玲母亲也与大家住在一处。胡也频遇难后，沈从文曾陪丁玲一起带着孩子，去看望丁玲母亲。因为这样，丁玲更加认定沈从文十分怕事。并且丁玲还听说在发表《丁玲女士被捕》后，沈从文曾写信告诉国民党人士，说早已与丁玲断绝了往来。

1934 年，沈从文回湘西时曾路过丁玲母亲处，却拒绝看望丁玲母亲。而此时沈从文正在写《记丁玲》的长篇小说。这些丁玲母亲听旁人说起时，觉得也没有什么，世界和人心不过如此，丁玲听到后却是十分伤心。

这些旁人讲述的事情不知道是否属实，但是丁玲显然是曲解了这一切。丁玲被捕后，沈从文立刻发声，并且强烈抨击了国民党的这种行为，为丁玲打抱不平，每一次联名营救丁玲，沈从文都有参加。如果怕自己受到牵连，大抵不必如此。沈从文连写三篇文章公开刊登，所有人都知道二人是挚友，怎会有许久并未来往这种说法呢？沈从文曾在丁玲最困难的时期，也就是胡也频去世的那段时期，一直陪伴着丁玲，包括陪同丁玲回家探望母亲，又怎会突然间埋葬了这份情谊呢？沈从文的确回过一次湘西，但来回共三天，那次回去是因为沈从文母亲病危。就算当真路过，未去探望丁玲母亲也是情有可原。只是这些经过不同的人捕捉到片段再转述，就完全变了味道。

丁玲怀着这些想法，和来探望自己的沈从文交流，自然会觉得不自在，虽然心中想着沈从文本就胆小怕事，也没有什么可以责怪的。但实际上，一切在丁玲心中，始终有种被那份情谊抛弃的难受。在需要帮助时，却没有得到朋友真心的帮助，自然是要伤心的，尽管这并非事情的真相。所以在丁玲看来，沈从文现在来看自己也有了不同的意味，这被丁玲当作同情与逢场作戏。如果仔细想想，沈从文现在也是十分忙碌之人，如若不是关心，为什么要这么远地跑来做样子？

丁玲被捕后，沈从文其实一直在努力挽救，希望可以改变这个局面。沈从文并没有胆小怕事，所有文章都是用自己名字登的。先是写了《丁玲女士被捕》引发大家关注，希望国民党放人。在6月4号刊登当天，《独立评论》补充了一则国民党对丁玲被捕一事的澄清，称并没有逮捕丁玲。就在同一天，沈从文又写下了《丁玲女士失踪》一文，里面指出国民党抓人还不承认，并十分肯定是国民党逮捕了丁玲。后写了小说《三个女人》来赞扬歌颂丁玲，此外还写了回忆录《记丁玲女士》。这些都充分说明了沈从文对丁玲的真情实意。一个作家愿意为一个人提笔写下这样多的文字，必定是感情深厚。

晴朗的天气，干净的空气，一切都是美好的，只是可惜，曾经的朋友已经不能共同呼吸着这样的空气，躺在绿茵茵的草地上谈天说地，回到当初纯真又浪漫的光阴。时间一天天不留痕迹地悄然离去，风景也变幻莫测，不知道何时停歇。静静地闭上眼，感受阳光撒在心上，仔细体会这份久违的温暖。也许只剩回忆，但愿这份回忆可以温暖如春，细细绘出这些年一起走过的路，藏在心中，不受现实荼毒。

　　一个人独自走在路上，想要回首过往的明媚，却发现已经身陷泥潭。友谊要几个人都合得来才能在一起，而分开只需要一方的转身离去。有时候，一转身就是一辈子。而走得久了，也看不到其他，也不再挽留。时间就是这个样子，有一起走过的路，清楚地知道曾经陪自己走过这段路的人很难回来了，回来了也不是一样的感觉了。

　　真相是沈从文心中的那份情谊始终没有变过，甚至晚年遭受迫害时，见到丁玲便哭了出来，至于丁玲却当真十分冷淡了。隐藏在背后的真相，就这样终结了这一段情谊，留给两个人不同的情感与世界。

　　直到很久以后，他们也不够了解对方心中当年的想法，时间也冲淡了许多东西，这些旧事也不再被提及，似乎也没有必要再提到。就这样，三人十多年的友谊，随着胡也频的离世，丁玲的心存芥蒂，彻底走到了终点，不管是否有人感到惋惜，一切都成了回不去的曾经。只是可惜这段绝无仅有的佳话，终究被太过世俗的种种终结。

　　初遇时，她灰布衣服下的灵魂吸引了他；他俊俏面庞外的才华吸引了她。在胡也频的介绍下，大家成为了朋友。后来，寒冷的冬天雪花飘过，带走了丝丝鲜血。春风拂过，却没有绿意。土壤中的种子已成了空壳，春夏秋冬都已经没有什么差别。又一次寒风吹过，没有下雪，却格外寒冷。

　　春天一直没有到来，绿叶也未能长出。

2. 一杯幸福的甜酒

太阳升起了，云彩变换着颜色。天边的红霞渐渐褪去光芒，黑夜来临。晴天阴天，走过了许多路，却仍然忘不了那片风景，时间堆积出的画面连接了无数个黑夜与白昼。四年，一千多次日出日落，这听起来本就是一份醇厚的浪漫情怀。现在，这份爱情终于有了收获的光景。喜悦充斥在沈从文心间，这份幸福成了沈从文最珍贵的拥有。

1932 年底，沈从文终于等到了这份答案，那杯甜酒终究还是被他喝到了。兴奋之外，那份甜蜜更是藏在心间，等待学期结束，沈从文便立刻从青岛赶往苏州见张兆和。这个时候，沈从文是第二次来，是学校放寒假的时候。因为先前见过张家人，现在差不多已经都熟络了。见到张兆和妹妹张充和，便远远就唤她为"四妹"，张充和第一次听到男子这样唤她，有些不高兴，但后来更熟之后便没什么关系了，也按照排行叫沈从文"沈二哥"。对于沈从文，张家人也都是满意的。

其后，沈从文与张兆和前往上海，拜见张兆和的父亲与继母。这一次见面好像是相亲一般，一番交谈过后，张兆和父亲对沈从文十分满意。这桩婚事便基本敲定了，只是还未定下来婚期。这次与张兆和父母会面过后，两人才算是真正开始恋爱。之前只能说是沈从文一厢情愿地追求，现在等待了许多岁月的花儿终于绽放，弥漫出满园芬芳。

　　心中流转不停地那份思念，成了可以握在掌心的温暖，藏在坛中的谷物，也由一粒一粒变成了一滴一滴的佳酿。见过张兆和父亲后，张兆和与沈从文便一直在一起，直至婚后。张兆和先是随沈从文到了青岛大学，沈从文继续教书，张兆和在图书馆做英文书目的编辑整理工作。没多久后，沈从文便应杨振声之邀，前往北平一同编撰中小学生教材。

　　这件事情源于 1931 年九一八事变发生后，国家开始重视对新一代青年的教育。杨振声原为青岛大学校长，1932 年夏接到这个任务便辞去青岛大学校长职务，前往北平组织编撰教材。沈从文收到杨振声邀请后也辞去青岛大学职务，与张兆和一同前往北平。一同编写教材的还有朱自清等，这一项工作直至后来卢沟桥事变才被迫中止，这此间多年，大家都一起合作编写，并且进行实验修改。

　　当时，沈从文每月的工资差不多 100 块钱，不过沈从文不是精打细算的人，花起钱来大手大脚，每次发工资便和妹妹出去玩。有时候到月底吃饭钱都不够。这样生活，沈从文自然是没有任何积蓄。沈从文妹妹也不去读书，说是没钱交学费。

　　张兆和看到这些，不免有些无奈，沈从文与妹妹的生活必须要有一个人照顾才行。张兆和不得不放弃自己想要继续读几年书再结婚的想法。张兆和先安排了沈从文妹妹去读书，也开始帮助沈从文做一些事情，对于这个不会照顾自己的"乡下人"，张兆和也是有几分心疼的。自从确定了关系之后，两人之间那份情谊自然是更加深厚了。张兆和开始敞开心扉，让沈从文走进自己的心中。

　　飘扬的云朵诉说着心中那份情怀，看见干涸的土地，便不由自主地飘洒下来丝丝细雨，滋润着土壤中蕴含的小生命。张兆和初到北平，见沈从文生活困难，还将自己的一枚戒指拿给沈从文去当了，张兆和从父亲同意两人结婚后，便将沈从文当成了家人，一心一意想着两个人的日子。

沈从文自然也想要早一点结婚，暗示了张兆和几次，张兆和也同意了。两人拟定了结婚日期，张兆和父亲看过后没有意见，两人便开始筹备婚事。沈从文在写给张兆和父亲的信中，说到不要父亲给钱，这一点得到了张兆和父亲的大力称赞，觉得沈从文是有骨气、有出息的人。

1933 年 9 月 9 日，沈从文与张兆和在北平中央公园水榭举办了一场十分简单的婚礼。这场婚礼双方家长均没有到来，也没有主婚人与证婚人。

出席婚礼的，有双方一些同辈亲属和沈从文在北平的一些朋友。虽然简单，但这一切是幸福的开始。这一年，沈从文正好三十岁，他真正做到了三十而立，成了家。新居空空如也，并没有过多的装饰与摆设，直到婚后，沈从文才拿回一些古董和书籍，让新居看起来不那么空荡。

婚后不久，甜蜜还没有灌满心头，两人便面临着分离。沈从文要独自回湘西一趟，而张兆和留在北京。沈从文坐在船上，看着熟悉的景色。十年前自己好像就是坐着船这样来到了北平，现在回想起人生无限感慨。不过最为奇妙的是，自己竟然真的与张兆结婚了，幸福的降临，有时会让人觉得十分不真实。两岸依旧是山，探出头去看到的是蓝天白云，还有缓缓流动的江水。偶尔可以看到几只渔船出来打鱼，一派悠然的田园景象。不过这些都不在沈从文的眼中，沈从文眼中有的只是那令他日思夜想的人儿，离别不过几天，便受不了这份想念与寂寞。

　　沈从文想着张兆和，便拿起笔写下了同以往一样的书信，如同诗歌一般唯美。沈从文和从前一样称张兆和为"三三"，这样有韵味的名字，哪个女子听来不动心呢。那充斥着浓烈思念与感情的书信唤起了张兆和第一次有些娇嗔的回信，也暖足了沈从文的心。字里行间充满了小女人的情怀："长沙的风是不是也会这么不怜悯地吼，把我二哥的身子吹成一块冰？"

　　沈从文回信："三三，乖一点，放心，我一切好！我一个人在船上，看什么总想到你。"小别胜新婚说的大抵就是这番吧。沈从文与张兆和的这种书信往来是两人甜蜜生活的一部分，对于张兆和而言，她十分喜爱读沈从文写的这些很有文采又倾注了满满感情的信。

　　对于沈从文而言，文字比言语更加具有穿透力，可以更加生动形象地表达自己心中的那份感情，也更加愿意将内心深处的部分写出来给他的三三来看。直至婚后数年两人仍沉浸在这种乐趣中，沈从文快七十岁时，还从口袋里拿出一份很皱的信对张允和说道："这是三三给我的第一份信。"说完便哭了，哭得很凶。

　　沈从文与张兆和的结合，终于填平了沈从文心中的缺口，那些写在黑暗中看不到边际的一句句情话化作星辰，点缀了爱的夜空。

　　"如果我爱你是你的不幸，你这不幸是同我的生命一样长久的。"

　　"望到北平高空明蓝的天，使人只想下跪，你给我的影响恰如这天空，距离得那么远，我日里望着，晚上做梦，总梦到生着翅膀，向上飞举。向上飞去，便看到许多星子，都成为你的眼睛了。"

这些动人的话语都是沈从文追求张兆和那四年间，沈从文心弦弹出的乐章。

沈从文写给张兆和的情书至少有数百封，可惜遗失了许多。彼时，沈从文不仅将这份爱握在自己心中，事业上也十分顺利。在沈从文结婚的同一个月，收到了《大公报》的邀请，接手该报的文艺副刊。这项工作一直伴随了沈从文数年，成为沈从文文学事业的一部分。

后来，沈从文仅以一人之力编撰《大公报·文艺》。张兆和不仅处理家中生活上的事情，还经常帮助沈从文修改、参考相关稿件，沈从文的工作，张兆和大能出了一份力。

张兆和是出身名门的大家闺秀，也是十分能干的人，无论哪一方面，沈从文都对这桩婚姻满意极了。甚至在结婚后，沈从文经常劝说同事和朋友尽早结婚。可见沈从文在婚姻中有许多意想不到而又十分满意的收获，是他理想中的婚姻。同样，当时的生活也算是沈从文理想的生活。

沈从文此时已经是文坛中的佼佼者，朋友也有许多，事业婚姻都十分美满。这是这些年沈从文最幸福的光景，拥着爱的人，做着曾经向往的事情，好好过着生活。

沈从文事业上的顺利发展，巩固了他在文坛的地位，三十岁在文坛还算是年轻的。沈从文一边编写教材，一边主持《大公报》的文艺副刊，同时还在创作自己的作品。沈从文当时在文坛地位的提升，一大部分源于编撰《大公报》，另一部分原因在于作品的成熟。当时沈从文与其他一众北平作家被称为"京派作家"，即不依附于国民党派，也没有投身共产主义，不带有这类政治色彩，也可以说是处于两者之间，不站在任何一方。沈从文在这一派别中占有重要地位。

　　曾经行走过的道路，会在生命中留下独有的痕迹，影响未来的种种，不同的只是当年的自己是站在现在自己对面的那个人。沈从文成为《大公报》文艺副刊的主编后，自然会收到许多稿件，其中不乏许多年轻人写的东西。沈从文当年自己遭受过许多不公，被编辑扔过许多稿件。现在作为主编，看到这些年轻人就想到了当年的自己，对他们大多宽厚而又和气，会尽可能地帮助他们。

　　好的文章自然会刊登，这是不用多说的。不好的文章，沈从文也会想办法推荐给其他杂志或报刊，最后实在是无法发表的，沈从文也一一寄回，还注明出现的问题和建议。要是文章只是稍有不当，沈从文便自己修改润色然后刊登。对于刚进入社会不久，怀揣着梦想的青年而言，这是一份多么令人动容的温暖。这样的做法，无形中给了这些年轻作者许多的鼓励，有时候稿费的支付，离沈从文家较近的，便由张兆和直接送去。

　　后来，据这些作者描述，沈从文与张兆和夫妇都是十分和气的人。完全没有什么架子，待人很有礼貌，说起话来也会让人感受到长辈的那种关心，讲什么事情都是商量的语气，经常都是用"这样做好不好啊"等这种类别的话语。

　　很多时候，沈从文还会用自己的稿费来先行垫付给作者的稿费，又或者遇到需要帮助的，会直接拿钱给人家。沈从文年轻时那段艰苦的生活，带给了他太多辛苦，他希望自己可以尽力去帮助眼下这些需要帮助的人们。比起他们，自己的生活算是还说得过去的，这一切就如同当年郁达夫对沈从文的那番关怀一样。这个世界上总还是有温暖的，做这些事情是沈从文对当年帮助过自己的人们的感激，也是对新一代的关怀。这对于沈从文而言，也是一种幸福。

生活的磨难只是这条道路上的缩影，总是要走过的，也总是会走过去的。就像现在，沈从文走过了冰川和雪地，忍受了寒风和暴雨。苦苦追求的爱情，爱而不得曾经让沈从文想到了自杀。这些都已经过去了，沈从文此时终于迎接到了那份崭新的幸福。把这份幸福握在手中，家庭与事业还有肩负社会责任，沈从文都做得十分好，生活像花儿开放一样灿烂。

3. 故乡的往事悠悠

　　远方呼唤着离家已久的浪子，那里有柔软的云，温柔的风，流水与大山。所有的一切都是秀丽而又有独特韵味的。记忆中的场景一次次出现在梦里，花香，街角，这些都是梦中模糊的一角，看不清却增加了这份想念。凤凰这个遥远又动听的名字已经成了身子的一部分，离开久了，走得远了，总有一份挂念。

　　自从沈从文离开凤凰出去闯荡，到现在已经十多年没有回到这片养育他的土地，生命中的大书不知是否还可以勾起他曾经在这里留下的足迹。沈从文的离开是为了生计，在追逐梦想、寻找人生真谛的这条道路上，他走了十几年才终于让自己的生活趋向于圆满。离开对于沈从文来讲其实是万幸，如果不离开这里，也许此生就与文学无缘，不会成为作家。可能只是一个老成守旧吸着鸦片的老爷，或许还成不了老爷。

　　回乡是1934年1月的事情，此时，沈从文刚结婚不久。由于家中寄来书信说母亲身体状况十分不好，也许熬不过这个冬天。希望有生之年还可以再看沈从文一次，那么就了无遗憾了。沈从文接到消息立刻赶往家中，寒冬时节，在路上足足耗去了二十多天的时间。

　　腊月十九日，沈从文终于赶到了凤凰，这座古城不禁勾起了他从前的记忆，但经历过各种革命与政治的洗礼，现在这古城已经变了一番味道。沈从文来不及感慨太多，便匆匆赶回家中看尚在病榻之上的母亲。母亲已经瘦得不成样子了，用皮包骨头来形容也不为过，一直在不停地咳血，脸上却没什么血色。脆弱的身影敲打着沈从文的心灵，沈从文看到这些十分难过，却没有什么办法，只能这样眼看着母亲受病痛折磨。

冬雪连绵，寒冷让沈从文的心中更加难受。母爱的深沉像寒冬中的腊梅，尽管世界被冰封了，那份爱依旧散发着芬芳，沁人心脾。这个给了沈从文伟大深沉爱意的人，现在却要离开这个世界了，这显然是无法挽回的事情，只能等待着生命的逝去。这些天是心的煎熬。沈从文母亲是一位十分了不起的女性，在沈从文父亲离家后独自一人支撑家庭数载，面临着生活的困境与子女的管教问题，一直不曾倒下。在上海时，为了减轻沈从文的负担独自回到家乡，临死之前只是想见沈从文一面。这份爱无疑是伟大而又深沉的。

对母亲的这份亲情显然是深厚的，但沈从文现在面临的还有一个问题。因为他不明确的政治态度，使他处于尴尬的政治处境。

母亲和家里人知道了沈从文正处在这种夹缝中，都建议他先行离开，这样才比较安全，避免卷入无谓的斗争中去。母亲也表示在离开前能见到沈从文一面已经十分知足了，现在沈从文已经结了婚，有人照顾，自己也就放心了。沈从文听到不禁潸然泪下，这样的爱除了母亲，世间还有谁能做到。那些年自己为了追求理想，未能陪在母亲身边，现在想要多待一些时日却也无法，这份不得不离别的伤痛和过往错过的那些岁月，成了沈从文心上的一根刺，隐隐作痛。

每过去一天，家里人便多一份担忧，大家都一个劲地催着沈从文走，沈从文终于订好了返程日期。这次回湘西，沈从文只待了三天，这三天和来回路上的时日，留给沈从文的记忆是不可磨灭的。那份悲凉夹杂着伤痛，已经和儿时记忆中的湘西完全不同了。仔细想来，回忆本就是回不去的过往，不论欢快还是悲伤，一切终究是不同的。时光只有一次，长大后一切都不尽相同了。也许是儿时未见过太多，便觉得独一无二。后来，经历得多了，一切在眼中就是不同的风景罢了。沈从文所处时代更多的是随着时间的推移，时代的变迁，这些自然少不了无谓的牺牲。

动荡的年代，生命显得格外脆弱。弥漫过湘西的那些血腥让这里变了颜色，世外桃源卷入了这场血腥，也被抹去了原本的那份纯净。

湘西的变化是中国当时局势的缩影，同时，这些变化被沈从文亲自看在眼里，成了十分刺痛他心灵的画面。离家数载，湘西留给他的那份美好印象始终没有改变。沈从文常常回忆那些美好、安定的日子，田园般的生活，世外桃源般的景色。这也是他一边回首一边写下的美丽，就在沈从文回到湘西前，还在写《边城》这本带有浓厚湘西风情的书，沈从文来时这本书还没有写完。这也预示着《边城》接下来不会按照原定思路来构写，这次湘西之行留下了太多伤痛在他的心中。

由于这种党派之间的斗争，沈从文被怀疑，以至于竟不能在家中常待。好多朋友又都有"共党嫌疑"，为了避嫌，朋友也是无法探望的。沈从文临行前答应张兆和，要每天写一封信给她，将自己一路上见识到的风情样貌写给张兆和看。沈从文来到湘西的一路上和到湘西后的所见所感写了一大厚沓，里面都是记叙了一些十分平凡的事情。但是文字间透露出的那种悲凉之感贯穿了每一张纸，从小故事中讲述了湘西现下的悲凉状况。后来这些随笔被收录为《湘行散记》，成为沈从文的作品之一。

印象深刻的事情有儿时的朋友，还有船只上的水手与老人。各种事情都有，只是过去与现在形成的那份鲜明对比是无法忽视的。曾经的理想和渴望早已随着生活的脚步变得随遇而安了，与生活相交甚好，随波逐流。曾经可以玩耍嬉闹的朋友已经走向了不同的人生，看着他们吸食鸦片、已经显得十分老态的样子，沈从文只觉得十分悲哀和可怜。甚至还有人告诉沈从文，吸食鸦片是为了政治上的避嫌，沈从文听到这儿更加觉得可笑，还有对这个世界的怀疑。为何自己如此挚爱的那片土地现在成了这般模样，这些人都深受环境的伤害。心中的那片向往之地就这样不再美好，这种反差更使沈从文忧伤。

这些更是影响了沈从文的后期创作，原本充满田园暖风的《边城》流露出了悲凉的气息，以至于最后结尾都是半甜半悲的。大概是这次回湘西后，心凉了一大截吧。淳朴的风土人情已经消失不见，人与人之间的关系变得扑朔迷离，要开始避开危险，心存间隙。一切都不是那样美了。过去的，终究再也回不去了。

"可是到了冬天，那个坍坍了的白塔，又重新修好了。那个在月下唱歌，使翠翠在睡梦里为歌声把灵魂轻轻浮起的年轻人还不曾回到茶峒来。

这个人也许永远不回来了，也许'明天'回来！"

这是边城独特的结尾，这样的结局也许是最好。也许有一天，湘西也会和从前一样，也许再也回不去了。

在这次湘西之行后，沈从文写完《边城》后，便再没有动笔写过其他乡土风情的文字，直到1937年夏天，日军全面侵华战争爆发，沈从文才提笔写另一篇乡土小说。这部书名叫《小砦》，因为战争的爆发并没有写完，其中免不了这次湘西之行对沈从文的影响。里面有这样的描述："至于他们自己呢，只觉得世界在变，不断的变。变来变去究竟成个什么样子，不易明白。但知道越下去买东西越贵，混日子越艰难。这变动有些人不承认是《烧饼歌》里所早已注定的，想把它推在人事上去，所以就说一切都是'革命'闹成的。话有道理，自从辛亥革命以来，这小地方因为是一条河流中部的码头，并且是一条驿道所经过的站口，前后已被焚烧过三次。因大军过道，和兵败后土匪的来去，把地方上一点精华，吮剥的干干净净，所有当地壮丁，老实的大多数已被军队强迫去充夫役，活跳的也多被土匪裹去作喽啰。剩下一点老弱渣滓，自然和其他地方差不多，活在这个小小区域里，拖下去，挨下去等待灭亡和腐烂。"

湘西已经成了这样，但其后不可避免变得更加糟糕。国民党和共产党的部队都开到了湘西来，想要占领这儿作为根据地。当时，陈渠珍依旧是"湘西王"，面对这样两面夹击的情况，对陈渠珍而言显然是一道难题。哪一边都行不通，当时共产党的军队是由贺龙率领。最后不得已陈渠珍选择了卸任，放弃了军中职务，再不过问这儿的军事。

人间正道似乎哪里都寻不到，中国当时的境况实在是混乱，新旧势力正在加紧角逐。但是这纷争之下已经牺牲了无数民众，无辜的、搞革命的。百姓的生活没有好起来，生活越来越艰苦。湘西也只是当下中国的一小部分，内忧外患注定了中华儿女要历尽这些数不尽的磨难。动乱和自由还有毁灭是这个时代的代名词，各式各样的人存在于这个时代，各种各样的事情不停歇地发生着。回忆成了最美好的词语。

　　沈从文此次回家也是真真切切地感受到了这些，这就是这个年代的变化。革命闹得沸沸扬扬，山乡不再平静，除了无限荒凉再没有什么好说的了。期待一阵风带走这一切，从此，湘西还是那个曾经记忆中美好的地方。

4. 文字的碰撞，灵魂的交锋

这世界上总有一些本身就无法融合的东西，跋山涉水，走过无数的路，也总是南北各自一方。没有方向的漂泊，看过了风风雨雨，最终也被卷进了这样的风雨之中。曾经的路过，现在的主角，思想的深入与角色的变化让一切都有所不同了。一场不可避免的纷争拉开了帷幕。

沈从文对于文学与创作十分重视，有着坚定的信仰。也因此，沈从文不希望文学作品被掺杂进其他东西。写作本就是一件纯粹的事情，如果将这件事情与其他事情混为一谈，改变了写作本身的性质，就是十分糟糕与错误的事情，是对写作的亵渎，是对读者的不尊重。显然，沈从文的这份期望是很难实现的，各个时代，总会有人将文学当作工具、用于政治斗争、谋取商业利益等。

这些都是沈从文极力驳斥的，当时社会主要存在的现象是许多人用文学作品来宣传政治，思想。还有就是过度地将文学用于商业来谋取利益。当然，沈从文不是反对文学作品表达政治，而是要有自己真实而深刻的感受，这样的作品才达到了作品本身的要求。

沈从文的这些看法也是对文学的尊重，作为一个作家，他认为这至少是一种本分，文学是用来告诉人们对许多事情的真实、不同的看法，而并非愚弄大众。独立的文学创作，是沈从文一直所倡导的。文学要尽量独立于其他，来表现自己内心想要表现的东西。正如沈从文与丁、胡二人共同创办的《红黑》一样，专一的文学创作才能称之为创作。沈从文写作以来也一直遵循这种原则，不被其他所影响，是民主派作家，不加入任何政党，不过后来沈从文更加倾向共产党。

也正是因为沈从文提出了这种对于文学创作的看法，而引起了这场纷争。最初，沈从文在 1929 年便提出了这种看法，他提出了"新海派"这样的名词，用来反对上海文艺界的一些作者。不过，这场纷争真正走向高潮在 1934 年。当时，沈从身在北平，在文坛有了举足轻重的地位。发表的言论和文章更加会引起人们的关注与讨论，这件事情的起因源于 1933 年 10 月，沈从文在《大公报·文艺》上发表了《文学者的态度》一文。

沈从文认为对于利用文学来做与此无关的事情是对文学的不重视，现今正有许多人这样做，并且有要加大的趋势。这也是前面提到的沈从文对文学的态度，正是看不惯现下这种风气，才提笔写下这样的文章。此前，沈从文还写了"京派"，"海派"之别。"海派"是指名士才情与商业竞买所结合而成的产物，并非指居住在上海的作家。但在上海这样作家颇多。

没想到，文章引起了"海派"作家杜衡的不满，并写下《文人在上海》一文，借用沈从文之前提到的"京派""海派"这样的名词，文章主要是为"海派"辩护。并且指责沈从文不应该将上海文人都一笔抹去，甚至引用了鲁迅的话语。此时，沈从文已经引起了上海文艺界的不满。上海文艺界人士一直以自己做出的成绩为傲，没想到竟这样被沈从文指责。但也不是全部上海作家都反对沈从文的看法，沈从文也并未将所有上海作家都划分在其中。

当时的上海出版社经常转变风格，博取大众眼球，也迎合大众品味。所以出现了许多不怎么有文学价值的刊物，只是因为个人喜好，想写什么故事，便随意写什么故事，爱情写着写着自觉无聊，便又跑去写革命题材的文章，这样随意的书写只是编造了故事，却并未表达深刻的思想。这些都是沈从文反感的。对于文章、信念不专一，见风使舵，随时转变立场和看法的人都是沈从文所认为的"海派"。用了上海的名字，不是为了大力抨击上海文人，而是沈从文对于上海文艺作品十分重视。

当1934年沈从文真正针对这一问题写了《论"海派"》一文，事情才开始广受上海文艺界关注，这场纷争开始愈演愈烈。甚至鲁迅也加入其中，用其他笔名刊登了文章，表达自己的观点。鲁迅结合两人的观点，并且分别指出两人理解不足之处，但鲁迅所言和沈从文对这一事件的看法还是不同的。

沈从文对"京派"与"海派"的定义，是对于两类作家的称呼与划分，具体划分界限并非地域，而是根据作家的作品表达出发点，是否带有其他非文学色彩。鲁迅在文章中指出杜衡对此的理解错误，表明"京派"与"海派"并不是指籍贯，而是指聚集地。进一步说明"京派"是"官的帮忙"，"海派"是"商的帮忙"，并且将沈从文划分到"京派"。不过鲁迅对于沈从文的看法并没有驳斥。

沈从文被划为"京派文人"是比较正常的，但将"京派"定义为"官的帮忙"，又将沈从文划分到这一派别未免有失公允。沈从文在《论"海派"》一文中有特别将鲁迅排除在"海派"之列。沈从文这种对当下文学不良风气的看法以及追求独立文学是此事的起源，但是并没有对此事带来什么实质性影响。

晚风拂动天边的云彩，有的人看到了夕阳，有的人看到了夜幕。还有分不清时间、辨不清东西的人看到了朝阳。被抛出的问题引来了无数看客，不同的答案，不同的思考。热烈地讨论冒着炙热的火焰，越来越显眼。只是黑夜的火焰不是通往白昼的道路，白昼才是真正的光亮。

沈从文对"海派"的看法是个人对当时社会现象的表述，并没有想到会引起一场大规模的讨论甚至纷争。沈从文发表了《论"海派"》后不久便回了湘西老家，等沈从文再次回到北平，才知道"京派"和"海派"之争已经引起了社会广泛关注，有许多文章都在讨论这一话题。沈从文读了一些这样的文章，但没有让他满意的。结果与沈从文预想的相差太远，现状并没有被改变，也没有好转。像是只抛出了一个话题让大家自由发挥，讨论完了就结束了，还是依旧按照各自的方式来继续写作和生活。

红黄蓝绿，斑斓的色彩流过，添了彩，也遮了光。话题众所周知，众人讨论不亦乐乎，背后隐藏的问题被自然地过滤。风吹过，扫过浮尘，迷了双目，远方究竟是什么。也许道路从未充满迷雾，只是眼睛已经不再清澈，看不到前方的美丽。沈从文最后也只得叹息，文学的"本"和"真"并没有被重视，当初提出这一看法是为了改变这种现状，但大家始终在文人划分上纠缠不清，力争自己与其无关，赞同或反驳这些的出发点已经完全不同了。

掀起的浪潮划过，水滴在发梢，只有溅起的水花，没有打下的雨。最终，沈从文于同年2月写下《关于海派》一文，表达了自己对事态发展的看法："使我极失望的，就是许多文章的写成，都差不多仿佛正当这些作家苦于无题目可写，因此从我所拈取的题目上有兴有感。就中或有装成看不明白本文的，故意说些趣话打诨，目的却只是捞点稿费的……对于这类文章，我无什么其他意见可说。"这些话也十分明确地说明了自己已经不想再继续说这一事情了。

关于"京派"和"海派"的争论到此为止，从口中嘣出，手下写出，一串串不相干的文字见诸报端，或深沉、或胡闹。这是一场批判与辩护的纷争，也是令沈从文失望的一次文人间的讨论。旧的拉上帷幕，准备谢幕收场，新的也已经在准备，等到灯火打起，座无虚席便登台上场。

天气没有好转，冷风刺骨，贯穿了整个寒冬的纷争也没有带来丝丝温暖。湘西的寒冷是带着湿气的，不够寒却冷入骨。北平的冬天，空气中的干燥由于雪花的飘落像是多了一份生机。磅礴的皇城故宫在雪中多了份风情，美丽是说不尽的。不论世事如何，人们因为什么而掀起一场热潮，北平的雪始终没有停止，在每个冬天静静地飘下，洗去尘埃，带来洁白的纱。

文人间似乎永远都有可以争辩的事情，只要较出名的人写的文章，就总会有许多不同的看法与评论随之而来，或批判，或欣赏。

在沈从文写完《关于海派》一文两天后，国民党下令由上海市党部查禁有关左倾的文学作品，此次共查禁 149 种书籍。这件事情引起了一些作家的不满，约十天后，沈从文针对这一做法写下《禁书问题》，随之而来又是一场争论，鲁迅再次与沈从文站在了不同的一边。

这段时期属于特殊时期，国民党加大力度控制左倾文学。此前几年，上海因为国民党与左倾的不相容而牺牲了许多优秀作家与爱国人士，例如胡也频。沈从文自然是对这样迫害作家、文学作品的方式而感到十分不满。

这场牵扯到文学的政治问题，已经让沈从文那样要好的朋友

永远地离开了自己，而且此时沈从文更是已经相信丁玲也已经被
迫害。两个重要的朋友，曾经一起奋斗的朋友，却因为这样的事
情相继受害，沈从文对这种政策对文学和文人的不公感触十分深。
写下这样的文章是在为同样有理想、有抱负的作者发声，也希望
这样可以让更多的人意识到这件事情。

在上海文人时不时受到迫害的两三年间，竟然没有什么人对
此提出看法，这样不公平的事情就很简单地被忽略过去，这也是
很难以想象的。在沈从文之前，没有人这样大张旗鼓地直接登刊
来说明此事。动乱的年代，事情显得格外不同，冷漠的更加冷漠，
珍惜的更加珍惜。沈从文在胡也频出事时拼尽全力也未能挽回其
一命，沈从文在丁玲出事后写了几篇文章登报，最后丁玲已遭受
迫害的消息被传得沸沸扬扬。沈从文的愤慨容易理解，但这样的
举动和沈从文与丁胡二人人尽皆知的关系，难免让大众将左倾嫌
疑扣在他身上。

阴天与晴天从来是不相容和的，春花与飘雪也是属于不同节
气的，花开与叶落也很难衔接。果然，在沈从文发表《禁书问题》
后，受国民党控制的刊物便对沈从文群起而攻之。上海《社会新闻》
便是其中之一，对沈从文的观点提出疑问，怀疑沈从文的政治立场，
还为沈从文扣上共产党的帽子。这种罪状在当时足以构成死罪。
沈从文对于这些事情敢于发声，自然不是胆小怕事的人。

在风雪之中自然有送来温暖的人，面对国民党控制报刊的攻
击，施蛰存在《文艺风景》上发表文章为沈从文辩护，说明沈从
文的意思只是被大家曲解了，只是想政府可以有更加好的办法来
解决这一事件，并引出了"焚书坑儒"这样的典故进行说明，沈
从文这样做受到批判无疑是"忠而获咎"。鲁迅对于这样的观点

却不予认同，于同年 7 月 5 日发表文章《隔膜》，署名杜得机。认为了这种"忠而获咎"其实是"越俎代谋"，这也是统治者与自认为"忠"的人的隔膜。

各执一词的争论不止这些，也从侧面反映着一个时代的人的缩影。这是自由的时代，也是艰难的时代。不可避免的纷争像这个时代原有的印记一般，都是难以避免的东西。

第七章
沉浮飘荡·穿越时光后的沉默

1. 步履前方，心之所向

　　独自行走在北平的街道上，清晰地看见了红花绿柳上已经渐渐映上了灰色的尘埃与雾。空气不再清新，风吹过也没有悦耳的音符。天空不知道多久没有放晴了，阴天和燥热是这段时间独有的，天气和人心一样惶惶不安。也许心乱了，看到的景便不再美了。朦胧的不是诗情画意，是战争的硝烟。

　　这是一场灾难。1937 年 7 月 7 日，卢沟桥事变，日军开始了全面侵华战争。战争打响了，最真实的人心也露了出来，对于大多数人而言是逃亡与保命。时代所造就的社会，决定了大多数人难以改变的生活，沈从文也生在这个时代。有些事情并非是人的意愿所能决定的，有时侯为了一些更加重要的东西必须被迫接受。战争没有人喜欢，发生时却也没有人可以抗拒。

　　这股硝烟很快就蔓延到了北京，这座千年的古都。战争像是一阵带着魔力的风，所到之地充满了未知，一切顷刻之间都可能化为灰烬。空气中凝结着紧张和不安。在战争面前，除了生命没有什么更重要，毕竟这生命都不知何时会化为灰烬。北平不可避免地成了日军最初想要占领的地方，沈从文和其他一些文人都深深感觉到了北平不宜久留。

　　宁静的清晨毫无预兆地被打破。战机在轰轰作响，北平上空迎来了日军的第一次轰炸。这一天还是来了，空气中的尘埃被染上了颜色，黑的、灰的。轰隆声和层层冒起的黑烟翻开了新的章节，内容却是黑暗的。要有怎样的坚强才抵得住这样一次又一次的伤害，北京或者说北平，不同的名字同一座城，不同的侵略者同样的侵略。近百年来，这座城不由得让人心痛，历史带来的可以是荣耀，也可以是伤痕累累。

曾经的温暖，现世的荒凉。拥抱曾经，和现在和平共处。离开不可避免地成了唯一的选择，为生活，为梦想。经沈从文与张兆和商量，最后决定沈从文先行跟随朋友南下去往上海，张兆和随后再带着孩子去上海与沈从文汇合。当时，沈从文已经有了两个儿子，一个两岁半，一个当年五月才出生。北平可能很快就会沦陷在日军铁蹄下，但拖家带口互相连累可能更加容易被发现。不得已，两人才有了这样的决定。

离别的歌已经响起了旋律，火车的长鸣声也已开始，白烟冒起，催促着人们快点离开。来日方长成了最美的梦话，一别也许就是一生。沈从文是与许多清华、北大的朋友一起离开前往天津的，沈从文一行人打算先到天津，从天津转车前往南京，最后到上海落脚。杨振声、朱光潜、梁宗岱也在同行行列，从北平乘坐列车前往天津的一路上，大家就已经深深地感觉到危险的气息了。车站上布满了搜查的日本士兵，盘查十分厉害。为了保险，出发前一行人为了以防万一都各自编造了假身份，好在最后并没有用到。

列车向前驶去，窗外的风景在后退。心中的感慨不由得多了起来，"国家兴亡，匹夫有责"。现在能做得却只是逃亡，在逃亡中找个安稳的地方继续办《大公报》，用报刊来鼓舞人心，继续尽自己的职责。安静地写作就是沈从文一行人最大的梦想。中国复兴，没有战争，是内心最渴望的远方，这不能称为梦想，只是一份希冀，一份简单美好的愿望。每个人都有不一样的使命，消除战争、浴血奋战总有人这样去做。拿起笔杆，写下属于中国的文学也是伟大的理想。每个人在这样的时代都有着无奈，脑海中太多的事情缠绕在一起，已经乱如麻。

任由思绪四处漂浮游荡，田野也不再生动。看不到远方，因为有太多未知的迷茫。只能看清眼前和当下。不知道来年是否会春暖花开，知道的是这个冬天必定是冰封万里。天津到了，阳光一点儿也不和煦。八月份的风扫过，落叶已经飘下。心中不免一片凄凉，叶落归根，下一个春天的到来遥遥无期。透过秋天的光看到了冬天的寒，这是怎样的悲伤。旋律还继续回放在耳边，只是一点儿也不悦耳，只剩下满满的感伤。

飘零的落叶是悲秋的一隅，更加糟糕的是，刚到天津进入法租界就出了问题，租界借此向人们要钱，一行人只得在旅馆住一宿，好在第二天终于协商成功得以进入法租界。然而，更加糟糕的消息来了，前一天的报纸报道了上海遭袭，军民奋力抵抗。去上海的路断了，原计划不能继续实行了。天津不是久居之地，大家都慌乱地等待着时机，离开天津去往其他相对安全的地方。计划打破后，这一路便成了艰辛的逃命史。

时间每多过去一天，大家心中的那份担忧便更加严重。不知道接下来该去往何处，但可以肯定的是必须离开天津这个地方，这里实在是太不安全了。炮火随时可能吞噬性命，与家人生死两隔是谁都不愿意面对的结果。所以，眼前最重要的是离开天津，无论前往哪里。终于，在沈从文一行人来到天津大约十多天后，有一艘英国商船要离开天津前往烟台。烟台是什么情况众人并不知道，但离开更加重要。一行人就这样离开了天津，跟英国商船一同前往烟台。

　　离开与到达是战争期间的常态，也是许多人想要却不可得的事情。海天相接，海不清，天也不蓝。船带着一行人的忧与愁到达了烟台，只是出乎意料的，烟台已经处于两军对峙的场面。战争的枪炮声随时可能打响，沈从文一行人住的旅馆还是在两军交接处的，危险自然不言而喻。这就是战争的本来面目，没有什么是绝对安全的，所有的地方都可能有战火。战火燃起，总会有生命也随着这火焰起舞，飘向远方。

　　住在处于中间地带的旅馆，若是战火一起，不可避免地会受伤甚至死亡。好在杨振声及时找到了朋友，借用了两辆汽车，载着大家离开了烟台，到了青岛。到青岛后正好赶上了开往济南的最后一辆列车，一天的奔波后，一行人终于乘坐开往济南的列车离开了战火。

　　天空灰蒙蒙的，车厢内充满了低气压。这样的逃亡之旅，没有什么畅快开心的话题。尽管上了列车也完全不能松懈，空中时不时飞过日军的飞机，列车时不时也拉起警报。听到警报后，大家都赶快躲藏在铁路两旁的田野间，等到飞机飞过再重新上车。因为这样的反反复复，本来不远的路程愣是用了许多时间。到达济南时，天已经黑了。

　　大半夜，基本上所有的旅馆都是满客。几人漫步在街头，想碰碰运气看是否可以找到有空房的旅馆。天空的月亮很圆，却没有家人一起团圆。黑夜的眼睛看不清模糊的人影，看得见月亮背后另一个城市的思念。透过淡淡的月光在心底写下一句句痴情话，印在另一个人心头。战争阻隔了一座城，限制了一个人，也滋长了心中的那份情。美好的东西始终是美好的，当天空出现阴霾时，美好会显得更加珍贵。

在街上走了不久，便有人接他们前往济南很好的一家旅馆。原来是山东教育厅长提前收到了他们来济南的消息，帮他们订好了旅馆。一行人暂时顺利地住下了。但停留总是短暂的，两天后一行人再次离开了济南，前往南京。这条像是漂泊的路似乎看不到尽头。

到了南京后，局势依旧十分混乱，南京正在进行疏散。苦于一群人在南京都没有熟识的人，只好住在饭店。就在达到南京的当天晚上，炮火声再次响起，日军集中火力轰炸北极阁，出动了一百架战机。这样的场景这么多天来已经司空见惯，看到也依旧揪心。这就是现在的国，在这样的国中大家各自艰辛地守着家，而在战争结束后，不知家是否还完整。

几人在饭店屋顶看着远方，燃起的火焰染红了天，黑夜中飘着火花。空气中弥漫着阵阵烟雾，火焰迟迟没有褪去。这般悲壮的场景，大概只能在战争期间可以看到。恐惧如同火势一般蔓延，席卷在百姓心间。无法阻挡袭击，家、国正在一点点沦陷。沈从文看着不远处的火苗，心中却是平静的。也许这样的场景对他从来都不陌生，军队与战争一向是这样，不带有感情。

两天后，在南京各处的教育界人士一起开会，并作出决定，前往湖南组织办临时大学。沈从文也打算前往武汉，在后一天，沈从文便与朋友一同前往码头，准备搭乘英国商船离开，奈何却买不到票。最后设法无票上船后，船长得知其是沈从文后，还主动帮其在特等舱添了一个铺位。商船在海上行驶了几天后，沈从文如愿以偿地到达了武汉。

沈从文是独自来到武汉的，便借用武汉大学图书馆来进行工作。时间一天天走过，硝烟却没有淡去的迹象。不久后，杨振声等人也来到了武汉，便继续开始《大公报》的编写。这场酝酿了许久被掀起的战火中，沈从文损失最大的心血就是与朱自清等人一起编写了几年的教材，不得已被投入火炉中一把火尽数烧光。无奈地躲避战火，在这段时间好好工作是不可能的了。年底，日军已经突破防线，占领南京。南京沦陷后，国民党退居武汉。而武汉即将迎来的则是另一场战火。

沈从文不得不考虑离开武汉，战争的不断爆发和波及让沈从文与家人不可能团聚在一起。起初的奔波是几天便换一个地方，直到到了武汉才略有好转。可在武汉也才停留了不到三个月，又要开始新一轮的奔波。而要去哪里，还是不确定的。在阵阵炮火中寻找一个安全的栖身之所，实在是件难事。战火四溢，梦想的路上举步维艰。

正在沈从文考虑接下来要去哪里的时候，收到了来自共产党的邀请。此次，共产党共邀请沈从文、茅盾、巴金、老舍、曹禺在内的十位作家前往延安，提供相对安全的地方，让他们进行文学创作。此时，梁思成林徽因夫妇与金岳霖三人正在长沙。沈从文想要去长沙探望他们，并且去长沙八路军办事处那里了解一下具体事项。

在长沙，沈从文见到了徐特立，徐特立向沈从文一行人介绍了现下情况，说明在延安可以自由写作，不受限制，欢迎大家前往延安。若是去不了，就团结后方，这也是很重要的工作。沈从文听完了徐特立的一番话后感触颇深，民族复兴，自己身上也有很沉的担子，战争两三年内显然是结束不了。自己不能在前线出力，但是却可以在后方献出自己的一份力。沈从文又想起了南下时朱自清的儿子与一群年轻人投身革命的坚定背影。沈从文深深觉得每个有觉悟的人都应该为这个时代出一份力，如果只是等待，战争将持续更久。

经过在长沙的一番思考，沈从文决定接下来前往昆明。在去往昆明的路上，将会遇到的事情是未知的，然而心中那份刚刚注满的坚定是不变的。长沙飘起了雪，一片一片，带走了些许空气中的烟雾，洁白了天地。冬天又来了，日子和一年前却相差甚远。漂泊的人，弥漫的烟，这似乎成了固定的景象。来去匆匆，生死茫茫。也许有一天，人们不再奔波，自由自在地谈笑风生，安贫乐道地下地劳作。这样的日子就是现在最美丽的向往。往往是一些糟糕的事情在告诉人们世界的美好。苦难的日子里，可以为梦想去任何地方。

2. 遥望现世的忧愁

湘江水悠悠地流淌着，不问人间烟火。纷飞的战火没有扰乱这儿的平静。没有了白云蓝天的映衬，那份美丽依旧留存。故乡是曾经的美梦，是现在的依偎。动乱中的宁静，只有那方净土可以给予，远远地流淌在心里的不是河流，是温暖。

沈从文决定和朋友一起去昆明后，没过多久便出发了，计划一路经湘西去往云南。早在长沙，沈从文就遇到了弟弟沈岳荃和表哥黄玉书。当时，沈岳荃在军队，是一位团长。沈从文刚见到弟弟时，弟弟正好在与日军的战役中负伤。经过治疗好转后，沈岳荃以沈从文的名义请与他一同来的学者吃饭，并与他们详细讲述了前方的战事情况。

遇见表哥黄玉书更是巧合，是在前往长沙师部留守处时在留守处门前看到。时间会带走很多东西，这些东西曾经紧握在手心不肯松手，最后还是随着岁月无奈离去。现实像一阵风刮过，不怎样用力，有些东西就已经散落一地。曾经热爱玩乐，笃定了不当兵的表哥，最终还是穿上了一身灰布军服。每个人身上必定都留下了生活的影子，或多或少。在这影子里有曾经，有现在。合在一起就是现在这副躯体和装在其中的思想。

数年前，始终不肯去当兵，悠哉悠哉生活着的表哥已经消失不见了。眼前的瘦弱又略带苍老的中年人让沈从文不由得感慨，多想回到那些日子，无忧无虑。人生有时候不可避免地成为了曾经自己不曾料到的模样。见到沈从文，表哥倒是立马认出了他，十分热情地带沈从文去了办公室。两人聊了许多，大家也都有了许多变化。沈从文得知表哥和那位杨小姐最后果真在一起了。不过生活的步伐还是阻挡了爱情的浪漫。

杨小姐父母不太满意这桩婚事，认为黄玉书配不上自己的女儿，没有什么正经的工作。后来黄玉书进入学校教书，可是跟其他教员不和，最后只能离开学校。结婚后，生孩子自然成了不可避免的事情。孩子一个接一个地出生，经济境况却每况愈下。最后不得已，黄玉书才入伍当兵。

再后来，两人一起聊过一次天，坐在桥头，回想着以前美好的时光，说笑着，沈从文想让黄玉书找回以前的欢乐。走过的路怎能简简单单地抛弃，生活带来的阴影无法轻易走出。人到中年，怕是难以改变现状了。

岁月划过，带来的不仅仅是皱纹，更加多的是在心灵上填充的颜色和各式的纹理。弟弟和表哥的变化让沈从文看到了湘西的变化，也看到了时代背景带给普通人生活的影响，从无忧无虑到不得不面对一切世事。在心中，最美好的应该是从前的再也回不去的时光。

冥冥中一切都像是注定的，沈从文遇见表哥和弟弟像是预示了沈从文最终会回到家乡去，拥抱那片温暖的故土。沈从文前往昆明时路过沅陵，最后留在了这里。在那片属于湘西的土地，流淌着湘水的土地。

沈从文大哥前几年在沅陵修炼了一幢房子，大哥是十分热爱生活的人。喜欢种种花草，想要做什么便做什么。对于邻里间的争吵也会照管，常常出来主持公道。想要去哪里就直接去了，说都不说一声，没几天便又突然回到家中。时不时地就这样出去随意走走，也以这样的方法走过了上海、青岛等地，甚至还去到了沈从文的新家。可以说实在是率真、随性的人。沈从文大哥眼睛虽然高度近视，接近于眼瞎的地步，耳朵也有点背，但对于生活的那份热情，实属罕见。

沈从文大哥的这座房屋的样式也十分独特。房屋的建设都是大哥自己想出的，也有参考上海等地的建筑物。这房子本来是打算修建好给母亲住的，可没有想到房子刚修好，母亲便去世了。沈从文大哥便自己搬来住了。这样美好的地方，在战火中实在算得上是世外桃源了。

战火燃起之前，这儿并没有多少人，只有这座房子。战争打响，这儿倒是多起来了人儿。不过大哥已经将家属转移到了相对安全一点的老家，自己则一个人在这儿等弟弟们。沈从文路过时见到大哥，便在这儿住下了。对于奔波中人而言，家的温暖是最安心的海岸。沈从文现在深切地感受到了这点，而且这里也较为安全，还有哥哥和弟弟，沈从文决定留在这。

沅陵郊区这一带邻近沅陵河，离战区大约有两千多公里，比起外面的战火纷飞，这儿绝对还是一座静悄悄的小城，依然留存着独属于这儿的那份韵味。天空、河流、矮山构成了基本的风景。花朵开得茂盛，人们也未曾被打扰。只是近来开始热闹起来了。许多机构随着战火的蔓延，也通过这条偏僻的路逐步移到更加安全的地方。其中有国立长沙临时大学、湖南大学、国民党中央军校等三十余所独立机构，这些都让这里开始变得热闹起来。

与沈从文一同南下前往昆明的朋友，也在沈从文大哥家住了几天，才与沈从文道别离去。在这期间的生活，像是惶惶不安中得以眉开眼笑的短暂时光。沈从文作为东道主，十分热情地招待了大家，将湘西这片土地的过往讲给大家听，沈从文所讲的人文景观深深地吸引着大家，也令大家不由得生出许多感慨。过去与现在似乎不能相提并论。寒风吹过，大家围在一起喝酒、吃肉。这样的日子也是难得的享受了。

雪飘过窗前，河流结成了冰，向下看去，看到的也只是冰天雪地，纯白洁净的地方不由得让人心生幻想，如果现在不是这般，在这里简单地聚会，谈天说地，看看风景将是怎样美满充实的日子？可惜现在一切都不同于以往，也不知要看过多少这样飘雪的冬日，才能迎来一个春天。不需要发芽，也不需要花香，只要有一丝暖风吹过，送来复苏的气息就够了。

除去沈从文外的一行人，离开了这座安静的小城，再次上路，前往心中的理想之地。只希望这短暂的美好可以让他们一直怀念。沈从文在家中的停留也只是暂时的，但这样久违的温暖让沈从文不忍离开。

与沈从文同行的人离开不久后，沈从文弟弟沈岳荃便回来了。这么多年过去了，没想到兄弟三人在战火纷飞的情况下聚在了一起，这是多年来都不曾有的情况。沈从文已经三十多岁了，大哥更是年过四十。这份奇妙的感觉游走在三人之间，亲情连接了三人之间心中最为柔软的部分。三人聚在一起，说起话来十分自然，天南地北什么都聊，国事、家事也都谈得不亦乐乎。兄弟情支撑下的生活，自然也充满了温暖，这份温暖甚至洗去了战争在各自心中的阴霾。

弟弟沈岳荃在陈渠珍离职后被编入政府军队，任团长。在抗日前线时拼死守城，受沈岳荃指挥的一千多人最后只剩下了十分之一不到。沈岳荃没有丧命已是大幸，但还是免不了受伤，后被送往长沙救治。也因此沈岳荃有了两个月假期得以回家，顺便招募士兵重建师团。在家待了不久后，沈岳荃的假期到了，便再次被召回。

离别是场不可避免的感伤，这么多年来第一次与弟弟这么亲近，现在却要挥手告别。沈从文送沈岳荃上船，看着船只打起水花，慢慢驶向远方。沈从文努力忍住了追上去的冲动，他知道自己已经是个成熟、理智的成年人，可是心中涌出的那份失落，却无法轻易忽略。在这样的特殊时期，一别也许就是永别，更何况弟弟是要上前线的。除了任情绪肆无忌惮地蔓延，还能做什么呢？欢笑已经成为了昨天，阖家欢乐也只有短暂的数天。云朵翻滚着，阳光在冬日本就是奢求，现在自然也没有出现。船只已经消失不见，远处隐约可以看到一个圆点，沈从文独自看着眼前这番景象，终于迈开步子，缓缓离去。

过往的云烟，走过的路途，有时也会再次相遇。沈从文在沅陵期间，这里还迎来了一位故人，这位故人便是陈渠珍。因为湘西一带留存的问题，始终没有得到很好地解决，苗族起义军也一直未能镇压下来，国民党政府决定对湘西地区施行新的政策，而不是一味地打压。

于是，在1938年初，国民党在湘西地方设置了沅陵行署，第一届行署主任则由湘西人民信任的陈渠珍担任。也许是因为国民党先前的种种行为与打压让湘西十分混乱，陈渠珍来到沅陵上任时，大家都有许多期望，希望湘西会比以往好很多。陈渠珍上任当天，沅陵便有一万多人出来欢迎他的到来，这也是不怎么多见的情景了。

　　当时沈从文已经算是全国性的知名人物，更是湘西杰出的文人，在这儿说话自然有分量。在陈渠珍上任不久后，沈从文大哥以沈从文的名义邀请陈渠珍、龙云飞等人来家中做客。就中国的未来和抗战下一步的趋势展开探讨，沈从文讲述了自己从北平来到沅陵一路上的亲身经历与所见所感。分析了前方局势与湘西在眼下这种情形下应该怎样做。眼下拉起的战线一定会向湘西这边移动，但也不会太快蔓延到湘西。沈从文说自古以来由于特殊的历史原因，对于湘西，湘西地区以外的人或多或少都有着不可逆转的偏见。这种看法在人们心中已经根深蒂固，总免不了将湘西与"匪"连在一起。而且战争当前，湘西内部却混乱一片，起义军还没有被成功压下，不停地闹腾，总有一种不识大体的感觉。战争对于湘西而言是改变自己印象的机会，战争接下来肯定会向这边推进，湘西一定要不辱使命，做好后方物资供应，用这样的方式加入到战斗中，献出自己的一份力。沈从文的这些话得到了大家的认可，这种话语权得益于沈从文与大部分高级军官都熟识，这些人都是沈从文在当年军队中认识的人。

　　这次谈话对后来湘西整个地区在战争中局面的改观有着巨大作用，但也少不了落入国民党的骗局。龙云飞从全民族统一抗战为出发点，同意将带领的苗族起义军编排为国民党军队，去往前线参与战斗。但是没有想到国民党这样做不仅仅是为了抗日，还打算趁机消灭苗族起义军的力量，幸好龙云飞较早意识到这点，及时撤离部队，重新回到湘西一带。

　　1938年，国共第二次合作。这个消息为许多人带来了希望，让许多人有一种胜利就在眼前的感觉。但沈从文十分冷静，觉得没有什么值得那样高兴的。一切的到来都没有那么快。全民族团结一致是好事，但此后必然又少不了一场战乱。未来是捉摸不透的。

　　冬天的寒冷逐渐褪去，沈从文独自坐在房间里，思考着。窗子上的霜正在一层层消逝，化作水珠、化作气体，融为云朵中的一部分。沈从文留恋地看了最后一眼，回过身继续收拾东西。兄弟间的那份温情在战火纷飞中无比温暖，故土的拥抱和暖流已深入肺腑，流淌在心间。恋恋不舍也免不了要离开的步伐，但故乡这首动人的歌将一直萦绕在耳边。

3. 于破碎中重塑自我

战争后的第一个春天，比以前少了几分生机。看着树梢上的嫩芽，期望这酝酿了一个冬天才生长出来的小生命，不要遭受战火的洗礼。风带来灰烬，也带走尘埃。世界黑暗着，同时也光明着。遥远的路途，看着四处烧起的火，冒着滚滚黑烟。沈从文心中却越发趋于平静，比起伤痛，更多的是思考。

沈从文离开沅陵前往昆明是在三四月份，故乡的那份温暖的时光也不过短短几个月。漂泊是生活的佐料，不安定的生活给不了拥抱，也没有花香。路途短暂的停留，是生命长河中引人注意的一幅幅风景画。画面都是时间倒影留下的笔触，每个人看到的都不相同。

经过二十多天的路途，从寒冷到温暖，沈从文终于到达昆明。沈从文到达昆明后，除了日常写作外，主要还有两件事。一是任西南联大副教授，讲授课程；二是继续与杨振声、朱自清等人编写之前编写的教材，张充和也加入编写行列。此时，张兆和和两个儿子还有沈从文的九妹，已经从北平前来昆明与沈从文汇合。战争打响被迫分开的家人终于团聚，不再四处奔波，相互担忧。家的温暖现在是这样真实的存在，亲人是战火中最亲切的词语。

一家人在一起，便少了许多阴霾，花开变得真实起来，空气中漂浮的片片尘埃已然不见。阳光渐渐露了出来，金灿灿的光打在灰蒙蒙的雾上，变成了奇妙的景象。动乱的时代像滴下的水滴，放大了那些不可轻易得到的温暖，感动着跳动不停的心脏。

战争期间，普通人的日子自然是不好过。更多的是社会不公，大学教授的工资，还不如一个普通看守的工资高。战事吃紧，物资不足，物价也飞涨。紧缺的东西太多了，生活十分艰辛。沈从文一家自然也如此。沈从文一家住在一个小村庄一间不大的房屋里，下雨还会漏水。

沈从文教书是在城区，要在家与学校间奔波。大人吃不饱肚子也是常有的事情，只想着孩子吃饱就好。战火也未在昆明停歇，这座四季如春的城市，时不时地会迎来炮火。遍地的花儿都多了一层尘埃，炮弹在它们身上也留下了深刻的印记。这就是现在的生活，每个人都在咬着牙挺着，在布满尘埃的日子，一起携手感受生活中细微的幸福。不为明天，只为现在。

战乱改变了生活的状态，改变不了人心中最本质的部分。文人总有文人的特性，沈从文也不例外。如同之前的"京沪之争"一样，沈从文一直在通过文章阐明自己的思想。沈从文在抗战期间并非什么都没有做。一方面沈从文认真教授学生，关心新一代的青年，希望培养出将来可以挑起社会大梁的人才。另一方面沈从文也参与到抗日文学运动中，用磨亮了的笔杆在战争期间向人们传递思想，继续推进着中国文学的前进。

水对荷的热爱，是不忍心看荷沾上一丝淤泥，沈从文对文学纯粹的热爱和高层次的追求也如同这般。他不忍心看到文学被玷污，沾上本不属于它的尘埃。抗日战争是当时社会存在的大背景，在这样的背景之下，文学自然也沾上了许多战争中的气息。沈从文不喜欢的是，彻底利用文学来宣传某种党政思想，文学始终是应该独立并充满作者内心真实思想的东西，大时代的背景可以写，但不要通篇写来写去成了宣传稿，这样未免让文学失去了本来的价值。文学不应该一味追着时代的步伐，应当成为百年后中国文学的经典，而不是随着历史的洪流而离去。

沈从文的这种看法，在当年的纷争中便可见一斑了，抗战中他依旧如此劝诫各位作家，要静下心来创作，写出真正的文学作品，创作出更加有内涵、值得人们深思的东西，乃至稳住民心、团结民族。沈从文在 1939 年至 1942 年写了有关这些看法的文章，在文坛自然又引来了轩然大波。

1939 年，沈从文发表文章《一般或特殊》，在文中指出如何在特殊的抗战时期保持文学的独立性，并对一些已经放弃文学独立性，将文学作品变成了抗日战争宣传品的做法，提出了批评。

沈从文在其中十分清晰地表达了自己的看法："根据我个人看法，对于'文化人'知识一般化的种种努力，和战争的通俗宣传，觉得固然值得重视，不过社会真正的进步，也许还是一些在工作上具特殊性的专家，在态度上是无言者的作家，各尽所能来完成的。中华民族想要抬头做人，似乎先还得一些人肯埋头做事，这种沉默苦干的态度，在如今可说还是特殊的，希望它在未来是一般的。"沈从文说明了战争宣传也值得重视，但更重要的是具有更加深刻意义的作品，这需要一部分人继续支持着，在这样的特殊时期，将文学这条道路继续走下去。

喧闹的世界，寂静的文学。是喧闹遮住了细微的声响，还是一切都随着吵闹变得喧嚣？一片废墟灰烬中努力留存着的还未逝去的光亮，努力透过缝隙温暖着颗颗幼苗。这是春天，也是还未离去的寒冬。

面对沈从文提出的种种看法，有人赞成，自然也有人反对。

赞成没有什么好说的，反对的无疑又在为沈从文扣上各种各样的帽子。沈从文是从整个国家文学发展大的方向来讲，不能仅仅着眼于眼前，文学作品有当下的功能，但更多地肯定是可以留给后人的深刻思想，有着专属于艺术的一面。这对于整个文学的发展具有更加深远的意义。可惜不是所有人都能够看到这么远的地方，也理解不了沈从文的观点。毕竟，当下最现实的问题就是如何取得抗战的胜利。

尽管遭到许多人的反对，沈从文依旧坚持这种看法。1940 年开始，文艺界出现了"战国策"派，1941 开始便出现了许多这一派别的文学刊物，主张与推崇这种文化。其思想核心为主张"英雄崇拜"，反对"民治主义"。实际是国民党在统一抗战过程中，形成的军政统一情形下的独裁渴望，借此来扰乱中国内部局势，想要在战后一家独大。

1940 年 5 月，陈诠于《战国策》发表了《论英雄崇拜》一文。该文章明确地说明在现下的中国对于"英雄崇拜"实在不够在乎，自五四运动以来，中国深受英美思想的影响，太过提倡民主，反而忘记了"英雄崇拜"。并且还说了德国之所以在欧洲战争取胜，正是因为这种"英雄崇拜"，英国的失败与太过民主也有所关联。所以现下中国不应该再盲目地民主，应该信奉"英雄"，只有这样才能早日迎来胜利。

对于这样摒弃民主的看法，沈从文读完这篇文章便马上提出了自己的质疑，挥笔写下《读英雄崇拜》，反驳陈诠对于"英雄崇拜"的看法。沈从文指出所谓的"英雄"即伟大的领袖，但领袖是相对伟大和聪慧的人，而非完美的神。将领袖神化是错误的做法，要正确为此下定义。文章也梳理了领袖与群众的关系，以中外有名的许多成功领袖举了例子，说明当下需要的依旧是民主政治，强权政治是站不稳脚的。

对于政治，沈从文也一向有自己的观点，民主是沈从文一直都支持的，太过紧张的控制往往会毁了一个社会，社会和谐首先要是人人平等，拥有民主的权利。对于国家而言，一个大国不是统治者在管理百姓，而是百姓撑起了整个国家，由统治者统筹。所以，强权对于任何一个国家都不是什么好的政治决策，民主与科学才是这个时代最强有力能带来胜利的方向。这些都是藏在沈从文骨子里的东西，他所向往的社会是开放而自由的社会。

伟大的领袖自然也不需要这样近似盲目的崇拜，对于他们而言，更多的是为民众指出一条正确的道路，让他们紧跟着他的步伐。他们之所以伟大，是做了许多旁人所没有想到没有做到的事情。五四运动带来的，更不是一味的民主，而是这背后大家对于这个世界新的认知，一种更深层次的理解。

此后，关于"战国策"派的争论一直持续不断，到 1941 年达到高潮，在这段时间引起了人们的广泛关注，沈从文是第一个公开反驳这种看法的作家，主张提倡民主与科学。

同时，沈从文一直没有放弃他之前对文学纯粹性的追求。1942 年，沈从文发表《文学运动的重造》一文。在文中细说了战争爆发前文学如何与政治、商业结缘，并且日渐扩大的趋势。尤其是战争的爆发，为此提供了绝好的机会，一切更加地变本加厉，利用文学来刻意引导大众，达成政治目的，沈从文对此甚是不满。

显然，随之而来的自然免不了一些报刊、作家对沈从文提出批判。1943 年，《新华日报》对沈从文连番提出批评，认为不可以将自发在文学中透露出革命思想的人与专门来写这些东西的跳梁小丑放在一起。这样来说，实在是有失公允。其实，这些争论说到底是对双方措辞的曲解。沈从文只是倡导作家安心写作，从商场和官场中解放出来，不要让文学这块地方变得冷清，让时代藏匿了作品。

这些纷争无所谓是否应该产生。再清澈的河流，风吹过也会有波纹，石子落下，也免不了涟漪。河流有欢快奔腾流淌的时候，自然也就有结冰的时候。什么都是一样的。每个时代的河流都如此，每个时代的河流都不同。河流不会变，只是水已经和原来的水不同了。

4. 一座没有春天的春城

转眼又到了冬天，昆明的天一如既往地暖。花开得正艳，大朵的玫瑰随处可见。这没有一点雪，也不冷。永远一副春天的模样。悠悠的河流上驾着桥，行人缓缓走过就成了一幅画。只看画面便是一片安居乐业的景象。仔细听，却能听到远处传来的炮火声，街上没有什么人，除了小孩子偶尔发出的笑声外，再没有什么欢声笑语。

抗战已经到了最艰难的时期，战争所带来的问题也更加直白地暴露出来。生活的窘迫不可回避，沈从文再次坐着马车赶路回乡下的家，这样的奔波也是沈从文每周都要经历的。米价飞涨，许多百姓买不起，只能用其他更加粗糙的食物填饱肚子。沈从文一家也是如此，食物不够的时候，吃红薯也是常有的事情，而且这样也不是每个人都能够吃饱的。通常都是沈从文与张兆和随便吃一些，让儿子吃饱。

这样的生活背后，需要被抨击的是不公平的社会。沈从文对此也感到愤愤不平，教授拿到的薪资十分微薄，还不及社会上普通职业人拿到的钱多。可也无法，困苦的生活是必须经历的。在这样的时候，沈从文又开始思考这场战争带来的影响。看到身边发生的许多事，感慨万千也无可奈何，不同的情绪充斥在沈从文心间，文人毕竟是敏感的，更加容易捕捉到一些社会讯息，感受到其中的变化。

日子过得十分狼狈，心中却不在意这些小事，对于沈从文而言，苦难不算是什么。这是战争带来的必然后果，前线战士在用生命换取国家的独立，比起他们，自己只是生活清贫了些。这并没有什么值得抱怨的。沈从文看到的是更加深层次的东西，在战乱期间，社会不够安定，黑暗处处可见，形形色色的人充斥在这个时代。这群在战争面前的野蛮人，已经抛开了国家利益，不去想有关国家、民族的事情，私人利益成为了首要关心的。比起战事发展，他们更加关心货币、油价的涨幅。摆在面前的事实让沈从文感到悲哀，这是属于这个时代的悲哀。

红色妖艳的花朵，是子弹穿过胸腔绽放的血液抛在空中的画。山河犹在，炮火纷飞，升起的烟模糊了泪。这就是整个民族正在面对的伤痛，同胞正在一个个离去。天边的云是他们看到的最后景色，身体倒下，粘着祖国的土。为了胜利的到来，这样都是值得的。在生命的最后，依稀看见了胜利飞扬的旗帜，耳边响起了胜利的号角。冰冷的身躯，永远地留在这片故土。

沈从文的许多亲戚同样血洒沙场，对于他们，沈从文钦佩又理解。听到战死的消息，沈从文自然也免不了难过。对于逝者，只能诚恳地悼念。再带着这份缅怀，继续在这个时代行走着，寻找着光明。

心间的浪漫已经褪去，染上的是沉重的伤痛。看着虚荣的人扮着小丑，在搭建的舞台上表现着骨子里的无知。鲜血补不平千疮百孔的土地，有更多的人无意识地掘着地，埋葬着国家。在他们眼中，国家大事、战争胜利与否都不是自己可以决定的。他们只要等待着那个不知何时响起的答案，并且做好逃离的准备就好。这是典型的个人大于国家的考量，对于这样的人，沈从文从心中不齿。国难当头，岂能只想着寻找自己的那片温暖栖息地。

比起这样只自顾自地活，更加黑暗的是借机滥用权力牟利的人，他们心中的黑暗更是将国家置之度外。这样的社会，沈从文感觉到的是极端。一面，热血青年全身心地投入战斗，为国为民。另一面，社会的腐败已经处于无药可救的状况。一部分人为了救国家于水深火热中，宁愿牺牲自己，另一部分人却只享受着自己的生活，金钱和权利充斥在他们的生活中。

战争扭曲了人性的部分，许多人因为战争感到生活无望，已经放弃了理想。对生活开始麻木，只要活着就好，行尸走肉地度过一天又一天。大学教授不再做学术研究，而是空闲时候聚在一起打牌消磨时光。人如果没有追求，和其他生命体又有什么两样的。整个社会处于十分压抑的氛围，心中怀揣着希望的人，也被生活压得喘不过气来。国民党统让人感到压抑。文化部不停地排查文章，控制舆论走向，沈从文也被压了三篇文章。沈从文不至于感到气愤，但对此也是十分不满。

沈从文也曾劝说这些教授不要打牌，要往长远的地方来看。已经这样虚度生命的人，又怎么会听得了劝呢？对于沈从文的劝说，不仅不理睬，还搬出一大堆道理，好像无理取闹的人反倒是沈从文。沈从文最后也只能不再去管，但心中的伤痕还是留下了印记。他厌恶这些已经视人生为儿戏的人，尤其还背着知识分子的名号。

于是，沈从文提笔写下文字，来表达心中的愤懑之情。"灭亡，更不应该把四千年来祖先刈草焚林开辟出来的一片土地，听它断送到少数民族败类和少数顽固、糊涂、自私、懦弱读书人的消极颓废行为中！要紧处或许还是把生命看得庄严一点，思索向深处走，多读些书，多明白些事情，了解人之所以为人，从生物学上说来，不过是一个比较复杂的动物，虽复杂，依然脱不了受自然限制。"
这种颓废是荒谬而又可笑的，是弱者才会有的想法。没有理想、
自私自利的人才停滞不前，不为社会做事，也不为自己而活。

　　冬风吹过，天气依旧暖和。风不冷，心却被无比寒冷的现实
刺痛。绿色的草，映着黄色的花，衬着蓝色的天。鲜红是远方的
风景，这里只是时不时地下着阴雨。怀抱不再是理想的远方，生
活的歌谣被低声哼出，独特的旋律不是悲伤，也没有喜悦。昆明，
一座没有春天的春城。

第八章
大师风范·在混乱迷茫中持守希望

1. 用微小的力量把黑夜燃烧

　　战火的种子根植在心间，灰蒙蒙的街映着白茫茫的天，炮火声夹杂着脚步声，演绎着不一样的交响乐。日出的影子接着晚霞的光，每一天都这样匆匆忙忙。看不到生活的脚步在这样的光景下留存的印记，每个人心中都清楚地知道，这就是战争。比起生离死别，一切都成了微不足道的小事。

　　沈从文来到昆明后便稳定了下来，再没有去往任何地方。教书、写作充实着沈从文的这段岁月，每周往返学校与乡下家之间已成了习惯。时间伴着迷雾在模糊间慢慢流逝，一天一月一年。充满生机的花开，抵不过这片土地上的千疮百孔。好在花开遍野终究是好的，带给绝望的人一丝希望。

　　黑夜并不一定有星辰，但总有人坚信黑夜是因为星辰而存在。没有了黑暗，光亮也就没了意义。只要夜幕降临，总会有星辰出现，总有一个地方可以看到这美丽。跨越了三千多个日夜，终于听到了耳边久违的号角声。一声又一声，每一声都是发自内心的呐喊，激昂愤慨。黑暗终于浮现出了星辰，在黑夜中，点亮了整个世界。

　　八年了，终于等到了胜利的声音。那是一个永远不能忘却的日子，1945 年 8 月 15 号，日本天皇宣布投降。从 1937 年到现在，持续八年的抗日战争终于赢得了胜利，捍卫了民族的尊严。在经历了苦难后，听到这样期盼已久的消息，激动和兴奋不言而喻。这是属于整个民族的喜悦，不论是谁，在哪里，大家都同样因为这个消息而欢欣鼓舞。这份难以表达的情绪流淌在每个人心间，八年的光阴，改变了太多故事，许多都成了再也无法挽回的过往。

抗战胜利的消息迅速传往各个地方，每个地方用不一样的方式分享着同样的喜悦。沈从文是在深夜得到消息的，大多数人都已经熟睡了。当地最先得到消息的，是一个六十多岁的法国人，他敲着锣，向大家分享这个走街串巷地结果，没有人觉得深夜被打扰，得到消息后只是激动万分。生活终于要开始翻开新的篇章了。经历过绝望后，会更加真切地感觉到希望的存在。

沈从文与张兆和结婚十多年，抗战便占去了大半时间，生活艰难可想而知。张兆和的操劳与艰辛自然是不可避免的，沈从文本就是浪漫的幻想家，对于生活上面的事知之甚少，一切都要靠张兆和打理，对于这份贤良，沈从文是感动与愧疚的。沈从文在结婚纪念日时，拿给张兆和自己专门为其写的文章《主妇》作为礼物。两人携手走过多年，相知相守。这份感情跨越了张兆和最美好的时光和国难当头最艰难的岁月，动乱的时光更加深厚了这份感情。有一种爱情，也许没有轰轰烈烈，但是跨越了对方整个生命，携手走过同样的路程，一起看着同样的风景。这就是沈从文与张兆和。

从前，这份感情在一封封情书中绵绵不断地蔓延着，从天明到黄昏，从湘江到昆明，"三三"是最美的名字，一句句的呢喃，诉说着内心最轻柔的地方，像一阵清风划过面庞。往后，时间会改变容颜，淡去曾经的悸动，生活成了主体，细水长流成了最温暖的阳光，洒在心间。

抗战胜利后，国内形势与之前不再相同，沈从文有了新的打算。九月份，借沈从文与张兆和十二周年结婚纪念日，沈从文邀请一些同在昆明的朋友到家中小坐，庆祝抗战胜利。接下来的日子，沈从文度过了在昆明的最后一个冬天，这冬天终于不觉得寒冷了，真正感觉到了属于春城特有的温暖。

1946 年夏天，沈从文一家离开昆明。沈从文先送张兆和母子前往苏州老家，而后独自一人前往北平，再次踏上这方离开已有九年之久的土地。北平的变化让沈从文深深地感到自己已经离开这里太久了，战争胜利了，悲哀腐烂的空气却还没有散去。麻木的人，瘦弱的躯干。时间走得太快，人们跟不上它的脚步，还在幻想着美好。美好到来时，这座城却已经空洞了。战争已经结束了，受到伤害的人们却很难痊愈。北平街上，这些没有生机的人不知道要过多久才能恢复原先欢快的模样，中国不知道什么时候才可以彻底从破败中走出来？

看到眼前这样一幕幕场景，沈从文只得苦笑，心中也只有对未来的期望，这些不是轻易可以解决的，需要的是时间。祭孔大典还在有模有样地进行着，这也是抗战八年来第一次全国性的祭孔大典，不知道这份信仰与尊崇是否可以填充内心的缺失。天安门前的美国大炮刺痛了沈从文的双目，中国战后难道要继续添上另一个国家的色彩么。战火和贫困已经压倒了太多人，未来的道路变得更加模糊。

还来不及看向远方，天刚刚放晴，又马上起雾了。平静不久的大地再次响起了嘈杂的战火，国民党在美国的帮助下打破国共合作的现状，率先侵入共产党领导的解放区，内战一炮打响。这一切就发生在沈从文刚来到北平的一个月内。各界人士期待的和平建设中国的愿望瞬间破灭。显而易见，对于国民党而言，这是一场有预谋的战争。但对于普通百姓来说，一切都太突然了，还没有来得及从喜悦中抽离，内战带来的风霜就已经布满了生活。

战争爆发，除了生死的不确定性，生活有了最直接的变化，尤其是国民党统治区域，物资大量供应后方战场，导致市场物资匮乏，进而造成物价飞涨，生存面临挑战，许多人最后不得已丧生在贫困的漩涡中。

这一切，沈从文都看在眼中，身边人的变化让他更加清楚内战带来的影响。初到北平，内战刚刚开始，沈从文有自己的想法，思想夹杂在忙碌的生活中。沈从文暂住在北大宿舍，其中不乏许多友人。沈从文在中国文坛已经算得上大家了，尤其对北平有着深远的影响。

战争结束后，沈从文自然更加受瞩目。文化的传播在战后也是极为重要的事情，寓意着新的希望，带给人们前进的方向。沈从文继续在北大教书，同时还继续写作，编辑杂志报刊。这样一来，沈从文平时几乎没有什么空闲时间，文化事业因为战争停滞了太久，有太多繁忙的工作要做。为了这份责任与信仰，沈从文专心投入了文学与教育事业。

当时，沈从文担任《益世报》与《文学周刊》的主编；《经世报》与《平明日报》文学副刊的实际编务；并且参与《大公报》文艺副刊的编辑。生活的繁忙从一定程度上抑制了思想的蔓延，对于社会发展的大方向，又能说些什么呢。有一份感兴趣的工作，也是一种不错的选择，适当地忽略一些东西，生活才会过得更加容易，内心不至于受到侵蚀。沈从文亲眼看见，抗战后朋友变得与从前十分不同，文学不再是心中最挚爱的东西，战争期间经历过的苦难，已经带走了许多曾经深信不疑的信仰，只是一心想要找到属于自己的那份宁静，以为自己已经找到了"道"。面对这样的景象，沈从文不知如何表达内心的想法，他的忙碌已经让他没有时间来顾忌这些，但看着心中也终究不是滋味。

面对战争带来的生活环境，大多数人都一样，只能从别处寻找希望，找到可以支撑自己的部分。对于知识分子而言，这部分大多是书本与思想，还有同样可以交流的人。平日里，沈从文家中经常有人前来拜访，有学生，也有一些年轻作家，还有朋友与同事。这儿像是战火中北平的一方净土，人们在这儿谈天说地，得到内心的充实，拥抱着更深层次的思想，释放心中压抑的情绪。比起沙龙，这儿更像是田园间的一处小屋，悠闲而不失乐趣。

沈从文家总是有来不完的客人，他不仅不厌烦，还十分喜欢与大家一起聊天。在这儿喝茶、吃饭都是常有的事，坐落在北大宿舍间的小小院落，热闹的气氛是赶也赶不走的。沈从文的一口湘西话，虽然不是人人都能全部听懂，但大家都十分喜欢听他来讲。沈从文虽然十分忙，有许多事要做，也常常抽出时间来与大家谈论。他说的很多，大家也听得也十分尽兴。

对于文学与当下社会境况，是大多数学者关心的问题。文学和社会问题是大家都要面对，不得不关心的事物。怎样用自己的力量让被荒漠侵蚀的土地开出美丽的花呢，沈从文一直在思考。自己喜爱的文学是否拥有更加实用的社会价值呢，是否可以通过自己擅长的部分从一定程度上改变社会现状。这一系列想法迸发在沈从文脑中。沈从文意识到，也许自己可以充分利用文学，唤醒人们沉睡在心中的民族精神，从思想上改变大众，从而改变社会现状。

对于心中这一理想，沈从文全身心投入，希望可以促成一场文学上的复兴运动，通过文学推动社会进步。对文学的热爱与对此比常人更加深层次的理解，使得沈从文坚信文学的力量是不可估量的，文字足以改变社会，只要运用得恰当。沈从文将这份热情投入到自己参与编辑的报刊中，这份热情与努力果然有了成效，其参与主编的报刊在社会上产生了广泛影响，尤其是在北平、天津一带。

沈从文编辑撰写的许多思想深刻的文章，带给了很多人新的方向，对于当下存在的问题有了更加深层次的认识，接触到了许多先进的、没有意识到的想法。就像当初沈从文刚开始接触新文化浪潮时，对于那些打开视野的文章欣赏和敬仰一样。沈从文正影响着许多新青年，带领他们看见这个世界上他们不曾看到的地方。

除去这些，沈从文还和从前一样，十分注重培养青年作家。对于许多年轻作者，沈从文都会十分亲切地给予指导，还会主动帮助其修改文章。由于沈从文自己年轻时的经历十分曲折，生活困苦，所以对于刚开始写作的年轻人多给予鼓励，态度也十分好，这些都让初入文坛的作者很感动，也坚定了心中的那份信念。在那段时间，沈从文的确培养出了许多青年作家，包括穆旦、郑敏、陈敬容、袁可嘉、杜运燮、李瑛、柯原等。他们正在逐步成长为文坛的中坚力量，这样的成果，沈从文感到十分欣慰。

从离开北平，到再次回到北平，九年间各种变化不断。古老的建筑百无聊赖地立在那儿，像千百年来一样，似乎是看透了世事，再多的变化最终都会和从前一样平静。伴着风和云，任时间走过，不理睬不回头。离开时与回来后，内心的成长不言而喻，中间看到了太多的画面，深深印在脑海中。没有什么是一成不变的，也没有什么会停留。北平，终究还是注定要回来的。

2. 灵魂深处的叩问

放晴的天变暗，细雨一丝丝的轻轻滑落，像蒙着一层雾，隔着水汽只能看见轮廓，不真切的画面像是被抽离了魂魄。行走在这片天空下的躯体，只剩模糊的身影。更加绝望的情绪露出了头，融入这幅画，便添了几分悲哀。

回到几年前，战火接连不断，民族受辱。日本军队一次次肆无忌惮地践踏着养育中华儿女几千年的土地，国共两党最终暂时握手言和。为国家的完整和主权共同抵制侵略者，先去除外患，再解决内忧。外患不存在了，国家未来的发展道路自然也要明确。共产党与国民党代表着不同阶级的利益，治国理念自然也是完全不同的，和谈本就是困难的事情。尽管如此，许多理想主义者和和平建国主义者依旧希望两党和平共处，共商建国大业。

中国接下来要走怎样的道路，国共两党关系要何去何从，都是需要仔细斟酌的大事。休养生息是最基本的，八年抗战最受苦的无疑是普通百姓。一切都在进行着，也许一切早已有了打算。

1946 年内战全面爆发。遥望远方，山的后面还是山，战争结束后会怎样，却没有人知道。看得到眼前的景象，想不到未来的道路。每个人都孤独地游荡在这个国度，等待着这场战争结束，期望着战争结束后看到的是美丽的风景。泥泞的路总会走完的。

美好的愿望是动人的，现实的苍凉却是逃脱不了的牢笼。成千上万人被关在其中，谁也走不出去，只有时间可以改变这一切。

不想面对的，也不得不面对。内战对于各处的影响略有不同，北平自然是可以十分直观地感受到这份影响。沈从文到北平后，虽然十分忙碌，但对于内战带来的人心惶惶，自然不能视而不见。

沈从文更加深刻地感受到内战带来的影响。不停歇的战争让人感到厌恶，每一场战争对历史的转变也是不可估量的。内战可能会造就一场空前的民族灾难，沈从文对于国家民族的日后，感到深深的担忧。反战的情绪在沈从文心间升起，比起无谓的战争，爱与和平才是解决问题更好的途径。

沈从文初回北平时，就感觉到了这座古城在战后的不完整，这本就已经是一种悲哀了。没想到同一个月内，内战便爆发了，对于初回北平的沈从文来讲，是一个不小的打击，国家并没有好转。八月份，沈从文写下《北平的印象和感想》来表达内心这种思绪。北平的景与物已经不同以往，这篇文章已经透露出了沈从文内心是反战的，这也只是个开始。

无所适从的精神压力让沈从文心中十分疲倦，顺着光亮，他似乎看到了远方，一场不知名的灾难正在慢慢降临，不可避免。十月，国民党已经占领张家口，同时还继续与共产党交谈。战争的气氛更加浓烈，乌云笼罩着中国上空，沈从文看到现实，依旧怀揣理想。也正是如此，他更加感觉到心中无法抑制的情绪，理想与现实的差距更是激起了这种情绪。十一月，沈从文发表《从现实学习》。沈从文在其中表达了自己对内战的部分看法，内战对于一些发起者而言，像是一场游戏，但是这场游戏所带来的后果，是不可估量和难以承受的。

"国家既若正被一群富有童心的伟大玩火情形中，大烧小烧都在人意料中。历史上玩火者的结果，虽常常是烧死他人时也同时焚毁了自己，可是目前，凡有武力武器的恐都不会那么用古鉴今。可是烧到后来，很可能什么都会变成一堆灰，剩下些寡妇孤儿，以及……但到那时，年轻的一代，要生存，要发展，总还会有一天觉得要另外寻出一条路的！这条路就必然是从'争夺'以外接受一种教育，用爱与合作来重新解释'政治'的含义。"文章十分真实地说明了沈从文对内战的看法，也十分明确地认为战争不是解决纷争的方法。这种手段所要付出的代价会十分沉重，不是刚刚从战争中走出来的中国可以承受的。

比起这样拙劣的表演，利用知识与文化培养新一代青年，更加能够改变国家的未来。沈从文渴望用思想文化方面的东西，来为国家注入新的血液。如果有一场新的文化运动出现，也许能够产生一些走在时代前沿的人才，他们看得更远，更准，甚至可以改变国家现状。

内战对于沈从文而言，是一个严肃而深刻的问题，翻来覆去地出现在脑海中。对问题的思考已经超越了问题本身，跨越到了战争的起源。可终究，沈从文还是没有看到这场战争的积极意义，他试图将内战放大，从历史发展的角度来剖析，然而并没有出现什么新的想法。并不是一个民族的未来与现在的进步必须用战火来换取，更何况是国民党用美国提供的武器来攻打中国人，这是一种不容反驳的悲哀。相对于战争而言，沈从文一直寄希望于和平、爱以及更加理性化的东西，深信更加美好和理性的东西对于一个民族的进步更具有正面意义。

国共两党的争执，最基本的出发点是未来中国要走的道路，内战将争执推向高潮。显而易见，内战结束后，中国将迎来全新的变化，一个完全不同于现在的时代。也许好，也许不好。答案没有人知道，一切刚拉开帷幕。月亮依旧高高挂在空中，不够圆却透着光，映衬着无边的黑夜，空旷而寂寥。

沈从文反战，也不属于任何党派。无政治倾向是沈从文一直以来都不曾改变的，对于任何一方都保持中立态度，也不参与政治活动。沈从文倾向于从大的层面来看待事物的发展，自然也就不属于任何一边，这样才能从客观的角度看得更加透彻。当时，还有"第三种政治力量"。即对国共两党都持无信仰、不信任态度，从而希望形成第三种政治力量，拥有话语权，希望按照自己的方向带给中国新的发展。"第三种政治力量"也曾找过沈从文，希望他可以加入。沈从文自然是回绝了。他不是不喜欢国共两党，而是不愿意加入任何党派，搅进政治漩涡。

沈从文这样坚定而固执的想法，早就预示了他在新中国成立后不可避免地被误解，甚至批判。在内战结束前，沈从文对于民主政治并没有过多的追求，他所憧憬和希望的都是自由、和平、博爱等理想型大环境。正如沈从文在 1948 年写的《苏格拉底谈北平所需》，依旧充满了这样的想法。对于一切，他都渴望用人性中最基本的东西——美德来解决。他坚信这些美好，处于人心深处的东西完全可以改变一切。要改变每个人，让他们拥有这样美好的东西，最直接的途径就是教育。

这是深藏心中美好的想象。在沈从文幻想中的新北平，生活处处被艺术包围。市长是哲学家担任，副市长则由建筑师担任。这样，城市必然会焕然一新，更加美丽，有大片的草地，建筑也都充满着艺术气息。甚至他还想要警察可以与园艺师媲美，检查私人住宅不过是为了对大家种的植物提出意见，还可以规定时间放贝多芬来给市民听。不得不说这是一种对高品质生活的向往，其背后便是对当时社会环境的失望，是对旧政权的一种十分直白的批判。

《苏格拉底谈北平所需》中的新型教育也富含文艺色彩："美术专科学校主校事者为一哲学家兼著名诗人，平时不甚问校事，然其人格光辉，可以反映学院的价值，他对艺术与诗有崭新见解，对东方美学新发展热烈讨论，且影响及世界。至如学校教学问题，则一改过去习惯，早已不用争吵方式。中外各有所主，正如普通大学之中外文系从不闻有争执笑话发生。训练手段纯粹恢复师徒制。训练心和眼纯粹使用导师制，加强两者综合，在一般课目中，属于知识范围，如文学，哲学，考古学，民俗学，均比普通大学同类课程认真。属于情绪范围，各系学生均得受高级音乐训练……"这是沈从文内心一份真挚的向往，文学、哲学、考古学、民俗学都是他十分喜欢的。从中可以看出沈从文所希望生活的自由与艺术，他渴望存在在这样一个时代，享受这样的时光。对于现在所处的社会，沈从文感觉到心有余而力不足，他不喜欢，却很难去改变，只能向大家传递他所期望的，来带动大家。

冬日的天空冷冰冰，如出一辙的是洒在面庞和身上的寒冷。风带来寒冷，也带走寒冷。人们企盼的是温暖，期盼有一天，天空中的太阳变得火辣辣，驱走寒冷。春天来了，听着就十分动人的字眼。冬日结冰的日子，人们会期待春天出现的暖阳。大多数时候，理想的期望是因为对现实的画面没有共鸣。

沈从文世界中的"理想国"便是在这种境况下勾勒出来的，从前也许心中早就有了类似于这样的理想国度，只是面对现在越来越无法理解的事情，更加清晰地刻画出了这个国度。在这个国度中，政治不是最重要的，重要的是用艺术美化生活，推动社会进步。不过，将艺术带到每个人的生活中的确太过理想化，毕竟生存才是生活的基础。

　　内战依旧在继续，不知道何时会结束。这是灾难或者是推动时代进步的战役，都不是简单可以说明白的。又多增加几年的困苦生活是不可避免的，许许多多人看到的是四处燃起的硝烟，摆放在各处的美国炮弹。麻木的人在继续生活，不管怎样的境况都要活着。有思想的人看向了更远的地方，看到了不同的景象，心中无法平静。沈从文心中十分迷乱，灵魂要如何寻找到正确的方向，他想要为建设新国家出一份力，但又从政治上看不到希望，渴望从文学上寻找出路，博爱与美德终究只是心中的一份理想，很难成真。

3. 一杯忧愁填满心头

　　时间漫步时，晃晃悠悠，不肯轻易离去。时间离开时，一晃而逝，像是过眼云烟。无论欢喜、悲痛，一切都会随着时间的离去成为记忆。战争的开始是为了争夺，比起斯文的方式，有时候这种略带野蛮的手段解决问题更加奏效，也难以避免。耳边响起模糊的声音，分不清是军队的号角声，还是某栋建筑的钟声。一边是生活，一边是未来，两条线越拉越近，快要融合在一起。上演了许久的谍战终于要拉上帷幕了，又是新的黎明，不知道会不会有阳光照耀整个大地，带来温暖。

　　清晨的露水还未滴下，前方告捷的声音已经响起，1947 年开始，平衡局面终于被打破了。势均力敌，分辨不出未来的走势究竟如何，改变意味着更快地结束。时间在走，世界在变，动荡也总有结束的时候。一处处的狼烟开始渐渐熄灭，重新燃起的是希望。

　　1948 年 9 月开始，共产党相继在辽沈战役、淮海战役、平津战役三大战役中取胜，基本决定了在中国的主权领导地位。

　　共产党屡屡告捷为大家带来了希望，形势已经十分明确，大家都知道新的国家要被建立起来了。经历过十多年战争的人们都翘首以盼，一颗心开始翩翩起舞，静候着万物复苏。欢喜湮灭了积攒已久的忧愁。风轻云淡，心中的晴朗已经点亮了天地。

　　空间慢慢转过，有晴天就有冰雪。哪怕是充满喜悦的光景，也不是人人都能安心享受到这份喜悦。

1948 年对于沈从文而言，夹杂着太多情绪，也是从这一年开始，沈从文的生活不再那么安宁了。作为无党派人士，沈从文不参与政治，将自己分离在国民党、共产党之外。但他时不时会对当前社会发展中出现的现象及问题，发表自己的看法，文章中自然会提及到国共两党，沈从文站在事物的客观面提出批判。这样一来，沈从文也算是批判一些政策或者党派相关事物。比如说沈从文对国民党的禁书政策就提出过批判，对左翼文学也提出过批判。沈从文并没有从任何一方得到利益，只是表达内心真实的看法，没想到却得罪了两边。

所以，沈从文受到一定程度的批判是必然的。总会有一些人不理解，并借此来制造社会舆论。1948 年，抗战胜利前夕，沈从文受到了左翼文化阵营的批判。受到批评的文章都被歪曲解读，和旧社会或者反革命联系在一起。就连沈从文为了纪念熊希龄逝世十周年的文章《芷江县的熊公馆》都遭到批判。沈从文在这篇文章中，主要写的就是当年自己在芷江熊公馆中的见闻和经历，却被说成歌颂旧社会的官僚美德。因此，沈从文又被打上了各种标签。这些标签好像在说从清朝到革命前的种种，沈从文都一直在维护旧政权，这想来也实在是太过可笑。

一件事情被提出来了，要么会无影无踪地消失，要么会一直被捕风捉影。沈从文自然属于后者，因为他所想象的博爱与美德并不普遍存在于这个社会，人们大多数都是没有主见，只会跟风。关于沈从文的批判愈演愈烈，从有"证据"说话的文章开始，到已经无边无际地随口胡说。沈从文被批判的已经不是文章了，他被扣上了更加糟糕的一顶帽子——反动派。人们开始众说纷纭，说他其实一直在为反动派工作，四处活动试图阻止革命。

　　言语不是文字，从一个人到另一个人，说得久了，传来传去，味道都变了。更有甚者，认为沈从文在整个民族反抗侵略、追求主权时的无所作为。抗日战争时，许多作家都投入到民族战斗中，用文字宣扬革命，而沈从文说作家不应该从政参与革命，批评这种做法。内战期间，沈从文再次提出反战，反革命。提出这一说法者的人认为这一切背后沈从文究竟意欲何为，显而易见，如果不是反对革命事业，便没有理由这样做。这种看似有"证据"的说法，让更多的人相信沈从文不怀好意，有其他想法。

　　沈从文十分无奈，也无可奈何。虽然遭到这种批判，但还未形成大规模，沈从文依旧有自己在文坛上的那份话语权。但接下来的事情更加糟糕，对沈从文的打击也非常之大。

　　1949 年，平津战役后解放军成功解放天津。北平成了国民党军队占领的一座孤城，不同的情绪分散在这城中。和谈将会是下一步的举措，和谈过后北平自然也会被和平改编。这时候国民党已经在频繁迁移政府，但是被共产党步步紧逼，和谈失败，最后国民党败退台湾。北平即将被解放前，惶恐和期待，还有其他各种情绪交织在一起，像凌乱无章的网布满北平。人们被困在这张网中，走在街上就可以感觉到这种气息。

　　交织着各种情绪的氛围之下，北平里的国民党组织也采取撤退措施，并且游说知名学者和知识分子一同前往台湾。北大宿舍也充满了这种氛围，许多教授、作家都面临着同样的选择，离开与留下。两方面的人员都在为他们做思想工作，为各自争取这股文化力量。沈从文也面临着同样的选择，国民党方面甚至拿来了直飞台湾的机票。曾经的学生前来劝说沈从文不要离开北平，而沈从文也早就有了主意。沈从文从未想过离开北平。但他并没有意识到，这里也许会让他经历更加波折的晚年。

沈从文回绝了国民党方面不久后，就遇到了一件令他不可思议的事情。北大一些进步青年提出了批判沈从文，还挂出了有标语的横幅在教学楼前，上面写着："打倒新月派、现代评论派、第三条路线的沈从文！"类似这样的标语还有许多，挂在北大各个地方。这样的事情让沈从文不能理解，刺痛着沈从文的神经。此时，沈从文依旧在北大教书，自己学生的批判与报刊上的批判自然十分不相同，这简直让沈从文难以接受，感到十分痛苦。走在林荫小道上，走着走着，突然发现自己走到了荆棘从中，前后都没有退路，双脚已经血淋淋。

伤痕是留在躯壳上的印记，印记是否会消去，已经无关紧要，留在心中的痛楚难以言喻。这是一场磨难，雨打湿了眼眶，雨泪交织在一起，模糊了视线。沈从文的精神受到了打击，他开始胡思乱想，仔细思索自己究竟做了什么。在他心中，他从来都是为国家和民族考虑，只是与主流道路不相一致。为什么国家走出困顿的景象了，自己却成了被批判的对象。面对国家的新景象，原本应该充满欢喜的，沈从文却无法开心起来，只有满满的忧虑。

忧愁充斥在沈从文心间，他封闭了自己的心，不停地为自己担忧。可怕的想法时不时地划过他的脑海，恐惧一度席卷他的身心。世界在不断缩小，他躲进自己的小世界中，来避免任何伤害。同时，他依旧害怕着。1949 年，正是解放军接手北平的时候，沈从文甚至在想，这背后是不是都是出于新政府授意，对于他的种种批判是不是都是新政府对他的看法。沈从文感觉到了威胁，精神开始更加不稳定，常常整个人闷闷不乐地躲在房间里。

张兆和看着这样的沈从文，十分不理解，动乱结束了，大家都很高兴，唯独沈从文一脸愁云。她不知如何是好，也解不开沈从文的心结，现在他像是活在孤岛里。张兆和没有办法，只能找沈从文的朋友来开导他。杨振声与沈从文谈过几次话，沈从文没有任何变化。大家都觉得沈从文莫名其妙，甚至有朋友劝张兆和不要理沈从文，让他自己这个样子。

　　人的神经是脆弱的，受到的打击多了，自然就会崩溃。作家的情绪更加敏感，思绪自然也更加丰富。这样的困境，更加难以走出。沈从文徘徊在房间中，负面情绪在上升，沈从文更加不愿意与人交流。隔绝外面的环境，心更加焦虑。

　　每一天都太过漫长，沈从文已经不在意白天黑夜了。世界不再光亮或者黑暗了，一个念头浮现在了沈从文心中。也许，只要这样，问题就都可以解决了。这是令张兆和难忘的一天，堂弟正好来家中做客，沈从文照旧将自己关在屋子里。沈从文已经做好了决定，手中的刀片轻轻划过，耳畔响起血流的声音，有点悲伤又有点动听。当张兆和堂弟经过沈从文屋子门前听到了轻微的呻吟声，马上意识到了不对劲，门从里面反锁了打不开，便快速跑到窗前砸玻璃。进入后发现沈从文已经昏倒了。

　　眼前一片空白，沈从文感觉自己回到了湘西。湘江流淌的水都是沈从文满满的思念，那片土地灌溉了沈从文所有的希望，埋藏着最初最简单的欢乐。这儿真的是湘西么，沈从文发出了疑问。片刻间，眼前美丽的景象不见了，黑暗笼罩了过来。恐惧再次淹没了沈从文的心，压抑的气氛让他感到紧张，这儿不是湘西，他想要逃离。沈从文挣扎着，终于起来，什么都还没有搞清楚，就开始大喊大叫，嘴里不停地说着"放我出去，我要回家"这样的话。

　　张兆和不由得留下了眼泪，这场莫名的灾难带给他的痛苦已经够大了。她虽然无法理解他心中的创伤和恐惧从何而来，但看着他这样，心里自然十分心疼。沈从文所向往的一直是自由，现在的环境让他深深地感觉到拘束。对于未来自己是否会被迫害，他不知道。无边的恐惧，让他不知道躲藏在哪里。沈从文现在最想做的就是回到湘西，拥抱那片故土，在北平他一直感觉有人在监视自己，他不知道自己什么时候会被抓去审问，被挂上子虚乌有的罪名。

世界本来是心的模样，在心中种上更多的红花绿树便成了明媚的春天，更加明亮。将心中的恐慌和黑暗散布开来，便让眼前的世界蒙了尘。政治与文学的不相容，理想与现实的不对等让沈从文迷了方向，再也找不回原先的那个理想国，只有不停歇地想念着美丽的故土湘西，来抚平心中的伤痕。伤痕总会愈合的，眼前的沙尘最后都会归于故土。文学和政治也终会等到分开的那一天。

4. 尘埃落定，归于安宁

冰层下渐渐复苏的力量，带来整个大地的春暖花开，扫去曾经的阴霾和尘埃。

医院，一片白色，充满着消毒水的味道。本来被沈从文以为是牢房的地方，反而让他清醒后渐渐平静了下来。每天的常规治疗将沈从文拉回了现实，对于内心那份不安宁的慌乱，仔细想想，的确是自己钻进了死胡同。随着在医院的日子一天天地过去，沈从文身体和心理状况都好了许多。对于现实，沈从文也不再恐慌和乱想，开始正确认识当下，摒除内心消极的情绪。

时不时翻翻书，看着窗外，这段日子的平静让沈从文恢复了正常。沈从文病愈出院，接下来也并没有遇到什么之前想象中的迫害，一切都十分正常。沈从文依旧被安排在北大工作，只不过不再去北大了，有点形同虚设的感觉。出院后，沈从文便前往中央革命大学学习。中央革命大学是北平解放后建立的用来教育旧社会知识分子认识学习新生政权的学校，从而让他们适应社会变化，更好地融入新国家。沈从文被分在研究班中，同在研究班的大多都是高级知识分子，但都是民主人士，无政治信仰。学习的目的就是要改变这些知识分子深植内心的观念，接纳新社会，认可新政权。

这里只有反反复复。沈从文在这儿前后总共待了十个月，学校规定学生必须在学校住宿，沈从文一周只能回家一次，停留一天，再赶回来上课。学习不是预想中那样简单的事情，刚刚痊愈不久的身子还未褪去疲乏，心灵的打击又再次来临。沈从文这么多年的人生经历形成了属于自己独特的人生观，其中不乏辛亥革命、抗日战争、内战的感染，还有家庭和从军生涯以及北平求学的影响，大的思想方面要彻头彻尾地改变谈何容易。对于沈从文而言，这是十分痛苦的事情。曾经那些挥之不去的记忆要在短短几个月内一笔抹去，那么，这些年的时光又算什么呢？

其实，沈从文心中一直都是为国为民思考，在大的国家、民族问题面前，他没有错，他不曾往对国家、民族坏的方面想过。他只是用更加文艺、理想的一面来看待整个世界。对于沈从文而言，如果一件事真的利于国家、民族发展，他一定会去做。就像现在，沈从文也在一心认真接受改造，事与愿违的是，他发现自己很难进行彻底改观，这种学习上面，比起别人，他自然是有所落后。这也是可以理解的。但对于沈从文始终是一种打击。

树上的鸟儿喳喳地叫着，自由自在地飞来飞去，它们可以停留在想要停留的任意一个枝头。在蓝天下，嗅着清新的空气，自己搭建一个窝，在灰黑白中映衬出不一样的色彩。沈从文只能每天赶去听政治报告，上政治思想课，反省过去，检讨自己，认识未来。每一天重复着同样的事情，一遍一遍地加深记忆，深化这种新的政治思想。这一切好比一个大的圆圈，其中有许多不同的干扰，走得多了就可以成功走出去了。沈从文不停地在里面走着，十分认真，可总也不能走出去。

仿佛耳边响起一个声音，低沉而真切地告诉沈从文：你过去的所思所想对于新社会已经没有任何价值与意义了，这些都成了无用的了。沈从文明白自己好像已经真的不能为这个社会做些什么了，感觉自己似乎被社会抛弃了。他努力想要跟上新的思想，可是脑中存在已久的东西迟迟不肯消退。沈从文感觉到了一些失落，不过他也很快适应了这份失落，便不再有什么感觉了。

沈从文因为思想转变的不成功，让原本内向的他更少与人交流，导致很多人误以为他不开心。这让沈从文十分奇怪，自己只是不喜欢太过喧闹的场合。沈从文继续着这样的生活，也从起初的不适应到现在渐渐接受的状态。这个"乡下人"始终有着一股坚毅的力量，支撑着他人生中的每个困难时期，随遇而安，平静地生活。感慨有许多，生活要继续。

最初接触到的东西，总会对未来有更加深刻的影响。沈从文对于普通民众有着十分不同的亲切感，尽管他在交际上十分迟钝，但对于普通人，却又十分可以谈得来。人在一个地方必然要有心灵的寄托，有可以讲话的人。沈从文的天性，让他与中央革命大学中的一个老炊事员成了惺惺相惜的朋友，两人经常一起谈天说地。

寂静的夜，路上空荡荡的，只有散发着微光的路灯伴着沈从文。沈从文孤身一人走回宿舍，心中却是十分充实。因为他刚与老炊事员一起坐在门前楼梯上一起闲聊。两人各自说起自己从前的经历和对不同事物的许多看法，这让沈从文感到十分欣慰，感觉到自己不是一个人，有另一种力量流淌在心间，十分舒服。虽然只是小事，却唤起了沈从文对生活更多的希望。心中缺失已久的部分就这样被重新唤醒，记不清已经多久没有这样放开心来和别人交流了，沈从文在这儿的生活又增加了一份乐趣。

这位老炊事员是十分认真的人，对待做饭和生活都一样认真，曾经也入伍当过兵，不过比沈从文晚许多年，炊事员还十分生动地讲述了他所参与的战役。沈从文也听得十分入神，也分享自己曾经在军队的经历和见闻。这样的共同经历，更是拉近了两人之间心的距离。多年前青涩的笔触，想要没日没夜地写着东西。现今沉稳的文字，却什么也不想写了。他想要的不过是一份普通的日子，宁静而平凡。许多人可以的，对沈从文而言却是奢侈的。

　　笔尖划过纸张，过去的许多年，生命都是这样流淌过去的。沈从文一个字一个字地将他看过的山，行过的桥写下来。文字是沈从文心中的挚爱，从开始练书法，单纯地抄写着方块字，到一字一句地写出心中的所思所想。这是一条对沈从文而言意义重大的路，从开始便投入了极大的热情。喜欢的东西逐渐成为习惯，渗透进生活，最后变成了生命的一部分。

　　无法写作对于沈从文也并不是致命的，但写作这样的念头常常冒出在沈从文的脑海中。花草长得久了，不撒种子，春天也会生出芽，开出花来。每每听完老炊事员讲自己经历的故事后，就想把它们写下来，从中沈从文看到了老炊事员的善良、热情，这些人性中十分美好的东西。提起笔后，沈从文又总是很犹豫，大脑中产生了各式各样的想法。由于沈从文对一些方面认知不清，他和当时许多人一样，认为自己从前写的东西对现在社会已经没有任何价值了，他写出的东西已经过时了，与时代脱节。既然没有什么意义，对于现在社会也没有正面影响，又何必来写它呢？

　　新的统一政权是沈从文一直所向往的，这意味着国家的安宁，生活的安心，是新的开始，拥有绝对的历史意义。沈从文愿意为了新社会的稳定而放弃写作，个人喜好在国家面前自然成了微不足道的小事。想到自己的作品对现在国家并没有什么好处，反而还很可能有坏处，沈从文便停笔，不再继续写下去了。蓝色的钢笔字也只能被揉成一团，安静地躺在纸篓中。如果觉醒是不合时宜的，那么就在外面铺上一片荆棘，在里面长睡不起。

刚刚生出的嫩芽，就被毫无怜惜地折断，为了不遮挡住旁边的壮苗。门悄无声息地被关上，走不出去。窗开了，看到外面一片美景。沈从文暂时放下了手中的笔，继续投入到政治学习中去，但在中央革命大学，沈从文课后的时间并不多，生活并不丰富。不停地学习，接受改造。沈从文怀疑自己是否还有用，想要知道什么时候可以结束改造，为国家，为社会做些实事。

终于，沈从文鼓起勇气问了研究班的班长，自己不停地接受改造，什么时候才能离开这个地方，国家是否还需要他来做事，他不想就这样跟着生活的脚步走。班长请示上面的结果就是仍然需要沈从文写作。沈从文听到这样的结果不免苦笑。眼前荒芜的土地何时能覆盖绿洲呢，泉水叮咚叮咚地响着，却看不到水流。

路旁枝头的树叶已经变了几次颜色，与天空中的白云俨然构成一幅风景画。研究班在每天不停地学习、反思、检讨自我，反反复复的生活也已经走到了尽头，学习要告一段落了。结业前每个人必须交一份这段时间在研究班学习反省的检讨材料。对于沈从文，这并不是容易的事情。他思前想后，翻来覆去不知如何下笔。这份检讨沈从文拖了又拖，直到毕业前才上交。沈从文成为全班最后一个交检讨的。成绩是按照交检讨的先后顺序来打的，沈从文最后交，成绩也最低。

离开中央革命大学后不久，沈从文也被从北京大学正式撤职。经历过思想的改造，劳动方面的改造自然是少不了的。沈从文被送往四川宜宾农村进行改造。虽然持续时间并没有多久，但又是新的认识和体验。沈从文身心的变化是不可忽视的，他十分主动地接触新事物，学习和改观自己。

对于这个"乡下人"，这样让他感觉更加充实。劳动改造后，沈从文再次回到北平。现在的北平已经正式更名为北京。新的名字，老的古城，终于又用回了原本的名字。在北京，沈从文有了新的工作，工作地点在历史博物馆。这份工作对于沈从文是很好的，沈从文一直对古董有些特殊情结，喜欢文物，在博物馆工作，沈从文是很乐意的。

在中央革命大学写下的检讨真正为人所知，是在1951年，沈从文发表了建国后第一篇文章。当时，沈从文已经在博物馆工作了，并且下定决心不再进行写作，这篇文章的发表是因为近两三年内都没有沈从文的消息，人们便对沈从文进行了各种各样的猜测，说法五花八门，所以沈从文整理写下《我的学习》发表于报刊。一来是避谣，二来告诉关心自己的读者朋友，他没有出什么事情。《我的学习》中主要内容就包含了沈从文的这篇检讨。

"这个检讨则是这半年学习的一个报告，也即我从解放以来，第一回对于个人工作思想的初步清算和认识，向一切关心过我的，教育帮助过我的，以及相去遥远听了些不可靠不足信的残匪谣言，而对我有所惦念的亲友和读者的一个报告。"这是沈从文对自己这篇文章的说法。

遥望着远方，麦田间的眺望是在等待着秋天。总有一些力量会在十分困顿的时候拥抱脆弱的身躯，让这身躯直立。

第九章
大音希声·我对这个世界没什么好说的

1. 属于大师的理想国

　　人生的际遇像是四季的变迁，山水的流动。每刻，都有不同。

　　沈从文看着夜晚的夜光，又在想未来究竟该何去何从。心已经被这种对立弄得紧张不已，皱成一团。对于沈从文，无论是重新提笔开始写作，还是放弃写作，都是十分困难的事情，他不知道自己还能写些什么有价值的东西，也不知道如何放下支撑他人生数年的精神力量。

　　在中央革命大学的某一天，沈从文得知上面依旧要他写作，便开始思绪万千。经年的陪伴，纸张许多都泛黄了，有些字迹已经模糊不清了，手上常年握笔的部分也磨出了茧。拿着笔，伏在案前写着怀揣着自己梦想的文字，在北京的寒夜里瑟瑟发抖，不辞辛劳地一次次写着，只希望自己的文章可以登上报刊。一切好像都是昨天，那样纯粹的日子，可它们早已远去。

　　懂得多了，各种想法难免会夹杂在心间，搅在一起乱如麻。没有了一往直前的力量，无法不顾一切。在左与右之间权衡思考，身子已经被束缚在笼子中。思前想后，不闻不问是最不令人忧心的方法，却终究不是办法。心中的绳结越来越严重，缠绕得遮却了美梦。这是极为艰难的决定，似乎怎样都不尽人意。

　　在清晨露水的倒影中，在午后徜徉的暖阳中，在夜晚消失的星辰中。一切都是那么的美好，可他是孤身一人站在那儿，不在风景中，只是遥望着另一个世界。

在中央革命大学十个月的学习，改变了沈从文太多东西，这个曾经认定文字和文学背后力量十分巨大的人，不再幻想让都市变成艺术的天堂，而是认为政治高于一切，文学是政治的附属品。这样的变化是落日余晖下的霞光，有自己的色彩却终究没有耀人的光芒。短时间内思想的巨变，会让心中有许多冲突的地方，一个念头出来，会有另一个念头跟着出来阻止。在思维不够清晰，夹杂着太多东西的时候，处于混乱状态，沈从文对于自己心中最真诚的声音已经感知不太到。痛苦的感觉在心中蔓延，选择任何一边都像是被夺去了空气，呼吸困难。

从 1948 年开始，自己受到批判的一幕幕浮现在眼前。北大教学楼前赤裸裸的大字，报刊上的污言秽语。黑暗的屋子，空洞的眼神，落在地上的刀片。一片腥红刺伤了他的眼，他终于选择逃离这个世界，不用再听心中聒噪的声音。转眼间，一片白色，恐惧再次浮现在眼前，终于慢慢镇定下来。纸篓里安静地躺着被丢弃的纸团，他再次放弃了。沈从文想着想着，就闭上了眼睛，这些往事让他的内心再次沉重。那些不安和恐惧再次席卷他的心灵，他开始自我否定。内心一片慌乱，他紧闭着双眼，一遍遍告诉自己，现在自己已经无法提笔，自己写在旧社会的文字，对新社会而言没有什么意义，与时代脱节是不可逆转的。真的要写，又能写些什么？对社会无用且有害的东西？他想不出再提笔的理由，曾经想要写，最后还是放弃了，现在也一样。岁数大了，自然和年轻时完全不同，沈从文已经差不多五十岁了。

没有勇气再次提笔来写，但过去几十年间和文学的羁绊又怎么能轻易淡去？交织在生命中的文学，不曾远去，那是沈从文心中的世外桃源，是他的理想国。他拒绝现实的时候可以躲避其中，书写着属于自己的国度，那儿充满理想，无论什么时候，都是一副春暖花开的模样，没有深秋，没有冬雪，只有春天和温暖。这份情感怎能就这样被封锁起来？十分挚爱的东西就这样离去，不再出现，对谁都是一种痛苦，沈从文感到力不从心。那份热烈而又真挚的感觉怎么能舍弃，沈从文做不到彻底忘记文学，又不知如何再动笔，进退两难，陷入了困境。

沈从文一边由着在脑海中充斥已久的想法做着辩论；一边在博物馆工作。好在文物相关的工作，暂时淡化了沈从文对于未来发展的打算，也让他走向了另一条新的道路，不用再一直思考着难以抉择的问题。沈从文对于文物一直有着非比寻常的热爱，那些有着历史痕迹的东西深深地吸引着他，让他想要静静地观赏，看着时间撒下的光影，想着背后的故事。

一块玉石，一个瓷瓶都有独属于另一个时代的韵味，这是美，这是艺术的气息。带不走的是光阴，留下来的是记忆。沈从文与文物之间的渊源，还要追溯到三十年前，沈从文还在湘西做陈渠珍文书的时候。也是从这儿开始，沈从文才开始正儿八经接触到文物，沈从文帮助陈渠珍记录文物时，学到了许多相关知识。除了日常的记录工作外，沈从文还会仔细欣赏这些略有古老的摆设，静静地看着，像一股清泉流过心间，滋润了心田。

从这以后，沈从文就开始关注文物，十分喜爱这种带有年代感的东西，尽管许多人不理解，在生活困顿时，为何还要买这些东西来消遣，但对于沈从文，这是发自内心喜欢的东西，看到就十分欢喜。

解放后，北京大大小小的古董铺都要进行清查，沈从文也一同前往协助工作，看着这些古色古香的店铺，沈从文不由得感慨万千。当年，自己初到北平时，看着这些店铺就十分欢喜，但是当时境况窘迫，都不敢踏入里面。那段苦涩的时光浮现在沈从文脑海中，怀着希望、充满动力，又不得不与饥寒抗争的日子。

从一个时代到另一个时代，跨越悠长的时光，活着的人无法回到过去，看不到真相，只能依靠留下来的事物来判断从前。文物独有的韵味是时间带来的美的沉淀。在沈从文所在的博物馆中，一起被分配来工作的共有 13 位教授，馆领导表示如果不愿意留在博物馆，可以调往其他地方，愿意留下来也可以提条件，馆里都会尽量满足。除了沈从文，其余的教授都选择离开，沈从文选择留下，只要求工作方便就好，还追加了一条，工资不超过馆长。

远处阳光正好，午后吹过阵阵凉风，轻轻飞起的发梢缠绕着明媚的空气。来来回回走在同一条小路上，看着同样的风景，心中一样的平静。生活就这样在平凡中一点一滴散去，重复却不觉得厌烦。经历了太多大起大落，只向往平静。现在，沈从文终于得到了这份平静。每天重复着同样的生活，但内心平静、愉悦、充实。

沈从文在博物馆的工作十分简单，就是为陈列物品贴标签。旁人都十分不理解沈从文，一身才华的人却跑去做谁都可以胜任的工作。很多人都觉得十分可惜，劝他写东西。沈从文像是已经断了写作的念头一样，回答说自己的作品已经不合时宜了，对于时代而言已经落伍了。

尤其是从香港回来，借住在沈从文家的黄永玉，对于沈从文十分不理解，看到沈从文一直神情自若地工作，实在是不明白他的想法。沈从文被逼急了，才回几句。不管是谁，都未能改变他的想法。他只是十分平静地找到了一条让自己更加舒心的路。虽

然是简单的工作，却能从中体会到那种乐趣。经历过许多，才能
体会到细小的美好。功名利禄都不重要了，生命已经走过大半，
把握生活剩下的美好才是最为重要的。

　　沈从文想要的平静很简单，但总免不了一些嘈杂的声音。时
不时就会有报刊或杂志托人找沈从文，希望他可以写一些短稿。
沈从文一直回绝，还是不能阻挡这种不停的邀稿。不得已，沈从
文只能用自己的文字已经过时，把机会让给新生作家为由来拒绝。

　　文学的情丝游荡在心间，藏在深处。那里，曾经春暖花开，
充满欢声笑语，也曾经充满迷雾，彷徨不安。吹过寒风，有过积雪，
经历了四季，树上留下一圈圈年轮，记录着这些年不同的风景。
曾经被激起的涟漪也逐渐平复，随着水流走向远方。曾经来过的，
离开的都不重要了，现在这里真正成为了一片净土。那些年来种
下的树还在，开过的花早已凋零。拥抱着可以触碰到的，埋葬着
再也回不来的。

　　多年来，沈从文心中唯一不曾改变的就是对文学的热爱与牵
绊。拒绝写稿，不再提笔写作，但是却无法割舍这份情愫。那份
羁绊实在太过久远，放不开，抹不去。在多少个难眠的夜晚，提
笔写出自己心中的感慨。这是陪伴着他几十年来的一份信仰，他
相信这份力量，一心投入其中。这是他的梦想，经年之后，始终
不能忘却。

　　这份喜爱太过深沉，所以无处安放。博物馆中文物相关的新
工作，像是为沈从文提供了一个暂时可以躲避的港湾，在这儿他
可以更加简单纯粹，不用再去想那么多是是非非。有一份事情可
以来做，化解了沈从文心中的许多问题。只安心做好这件事情就
行，其他的事情放到一旁就好。沈从文对于文学创作并没有完全

心灰意冷，他只是将这些暂且放在一边。一个人如果要生活下去，必然要心存对生活的一份热情，这份热情，沈从文还是有的。

　　萦绕在心中的这道难题始终没有得到答案，选择不是简单的一道题目，只存在对与错。太过复杂的东西是无法抉择的。放下写作是难以做到的，沈从文做到的就是不抛弃对文学的挚爱，不再提笔写文章。这是伤痛或是美好，都无关紧要了。现在，看得到的生活才是最重要的。

2. 他也曾深陷迷茫

初升的太阳挂在天空，红霞里夹杂着金色的光，飘扬的旗帜飞舞在天安门前。

沈从文自 1948 年受到左翼文化的猛烈批判后，就逐步将工作重心从文学创作转移到文物研究。沈从文的人生轨迹布满了转折和磨难，好在时间并没有真正将他带走，每到困境，感到十分绝望的时候，便出现了新的方向。

那片漫无边际的黑暗，沈从文也曾遗失过光亮。1950 年沈从文自杀未遂，但经历过这次变故，沈从文反而想开了许多。后来，好不容易再次在心中燃起重新创作的星星点点的火花，却被书店寄来的一封信彻底浇灭。信的目的是主要告知沈从文曾经的文章和作品在新时代没有任何作用了，已经太过老套，所以代为焚毁。这份书信让沈从文十分伤心，再也没有重新拿笔写东西的想法了。唯一的光亮丧失了，绝望充斥心中。

时代的变化深深地显现在每个角落，在北京解放后，名字变了，一切都变了。他不自觉地感觉到自己和这个社会的不相容。文学创作上的打击，让他心中更多了一份抑郁。好在生活不会将一切全部带走，痛苦是必然的，希望也是有的。建国之后，沈从文来到博物馆工作，谱写出人生的又一乐章。这份工作起初是十分简单的贴标签，他也感觉十分有意思。之后许多年，沈从文没有再投身文学创作，一直专心致志于文物考古研究，还取得了很好的成绩。烟火的绚烂只是一时，若隐若现的烛火才能给自己有限的生命带来光亮，让自己看到更多的风景。也许普通，但这就是一生。

沈从文对于工作，本来就有一种常人所没有的热情。在沈从文心中，工作是十分重要和严谨的事情，是真正在为社会与国家做事，体现自己存在的价值。沈从文对于侄子黄永玉也这样要求，自己更是如此。北京冬天的清晨十分寒冷，空气中冒着冷气，穿着厚厚的衣服也挡不住寒，下雪时更加寒冷。来来往往的人们只想快点逃离这寒冷，沈从文却不是如此，他总是每天早晨十分早就到门口，等着警卫按时上班来开门。这已经成为了沈从文的习惯。迎接新一天的工作，总能让这个五十多岁的人充满朝气，他想要快点去探望那些奇珍异宝。

终于等到了开门的时间，沈从文穿过一片黑暗来到工作的地方。出于对文物的保护，博物馆摆放、珍藏文物的地方不开灯，投进来的光也很黯淡。沈从文非但不介意，还十分理解这种做法。懂文物的人更加珍惜文物。沈从文的工作十分简单，就是在墙上写字，为这些文物分类写标签。看似枯燥的事情，沈从文却做得十分开心，他仔细看着这些文物，欣赏着这些不容易见到的珍品，观察着各自的特点，判断它们来自哪个时期。这件简单的事情，足够吸引沈从文。他感觉自己像是一个鉴赏家，在展览会上观赏这些瑰宝。沈从文像是发现了宝库的孩子一样，沿着道路不停地向前走，时间都成了无关紧要的事情了，他只想看更多，研究更多。

无奈时遇到喜欢的东西，像在一片荒野中突然看到了花海，这份美丽让人心动。

曾经的缘造就了现在的心头爱，情深才离不开。沈从文在进行文物研究前，十分喜欢去收集购买文物，杨振声也有同样的爱好，两人常常一起购买一些古玩。沈从文还怂恿同住的张充和也去购买。对于购买这一类别的东西，沈从文有一种不会消失的乐趣，他大半生都在买文物。买回家后，往往会送给一些朋友，然后再去买。这种乐趣，后来更是激发了沈从文在这一方面的研究学习。看似无缘由的购买，为沈从文积攒了大量相关知识。

沈从文在博物馆工作，通常是早出晚归，中午也不回家，饿了就吃自己带的烧饼。其认真程度，用废寝忘食来形容丝毫不过分，而且并非一朝一夕如此。春夏秋冬，四季交替，不一样的风景，同一条路。几年来，沈从文都这样一心扑在文物研究中，探索着自己感兴趣的东西。因为这份专注，沈从文成了文物研究领域的佼佼者。这份新的事业，沈从文做得十分成功，不过沈从文从未从专业以外的角度来看这件事，对于荣誉和金钱，他早已不在乎了。他真的只是十分喜爱这份工作，这个领域。红花绿柳垂下，窗外又是新的景象，沈从文却无暇顾忌，比起文物，其他什么都不重要了。

从事文物研究工作的几年中，沈从文本着对国家尽一份力的想法，不论大小事物，只要分配给他的任务，他都一一完成。文化部让沈从文为一些大学购买文物，他便带着经费全国各地搜罗，因为对于文物十分懂行，沈从文购买的文物大都物超所值。沈从文还被调出工作过半年，是去讲解敦煌壁画的展览。沈从文在文物方面的素养很深厚，哪一方面都可以做得很好，也愿意去做任何工作。文物方面的工作，他都能找出乐趣来。沈从文还在中央美术学院讲过古代丝绸锦缎课。这时已经十分轻车熟路了，不会再像当年第一次登上讲台一样，他不带任何教材，却讲得十分丰富生动。

　　时间在沈从文身上留下痕迹，他却从未注意过。从在博物馆写标签开始，沈从文便在这里认真地做着每一件事情。平时，除了写标签，沈从文还会时不时地担任讲解人员。有一次，沈从文讲解完之后，对方礼貌地问了沈从文的名字，得到答案后十分震惊。对于这些，沈从文不觉得有什么，自己也不过是一个普通人，用心做着自己感兴趣的事情而已。对沈从文日后在文物方面的成就，自然也令许多人感到吃惊。就像当初劝阻沈从文的人，想不通沈从文为何要从事这样一份工作一样。而这些评论都与沈从文无关了。他知道自己在做什么，就够了。

　　沈从文兢兢业业工作的态度和强烈的责任感，大家都看在眼中，在沈从文来到博物馆两年后，博物馆领导被沈从文这种始终如一的精神深深感动。党委书记主动找沈从文谈话，要沈从文写入党申请。沈从文以自己不够格，回绝了党委书记，他自认为自己离共产党员还差很多，思想觉悟还不足以具备成为一个共产党员的条件。他只是想用自己的才能，来为建设新国家出一份力，国家可以用到他的地方，他都愿意奉献自己。对于名利这种东西，都没有追求的必要，他不憧憬这些，只想让自己活得更加有意义。这大约便是一个人，一座城，只要喜欢，便不孤独。

　　1952 年，中共中央统战部长李维汉邀请沈从文在内的一些高级知识分子加入共产党。大家都表示自己入党还不够条件，想要多看一些政治文件，更加清楚地了解一些国家事务。1953 年，沈从文被安排出席人民政治协商会议。面对这些，沈从文心中十分平静。生活久了，便逐渐懂了生活这门艺术。春夏秋冬交替走过，四个不同的季节，没有谁不接受。生活对于沈从文也是如此，不再有什么变化。经历过苦痛的岁月，平静的时光也没有什么了。

在文物方面，沈从文一直独自默默研究着，在短短几年便发表了《唐宋铜镜》《战国漆器》《中国丝绸图案》《龙凤艺术》等学术作品，里面都是沈从文的研究成果。他不善交际，社会交往上不是那么顺畅，对于学术研究，却十分适合，埋头苦干，默默付出，时间久了，自然就出了成果。对于这些成果，他是欣慰的，但他更加在意的是还没有研究的部分。时间一天一天走过，沈从文心中是充实的，也是孤独的。让沈从文感觉到麻烦的，只有与人之间的交往，比起这些麻烦的事情，他更加愿意一心投入到文物中。在这儿，他可以感受到生命的意义，可以补足文学留下的空缺。

不过时间久了，沈从文的孤独显得有点难以安放。心中的情绪不是专注于一件事情就可以被遗忘的，只有文物陪伴着沈从文，沈从文获得了心灵的寄托。但是还无法填补心中的孤独之感。没有什么人可以来讲话，内心处于封闭的状态，情绪在膨胀，变得更加敏感。他想要一个朋友来同他讲讲话，互相给予一些力量。

直到有一次，郑振铎来探望沈从文。沈从文看到这位老朋友就十分激动，他们一同走过了辉煌的三十年代，看着世事变迁。看到这位老友，沈从文想要说许多，却不知道从哪里说起。话还没有说出口，眼圈便红了。这些年的过往，时代一幕幕的变化都足以让人伤感。时间的离去是不可挽回的事情，所以更加怀念，怀念回不去的感觉。但也正是时间将这些酿出了更加香醇的味道。

沈从文从正式开始研究文物，就是全身心投入。后来沈从文上井冈山进行考察写作时，文物也始终牵绊着他，让他最后决定提前离开。沈从文还是放不下文物，不能只写作。写作的无望带来了文物领域的开拓，沈从文的之后时光还是与文物相伴更多一些，那些属于写作的辉煌日子已经过去了，生命只能重新创造更新的辉煌。

　　岁月荏苒，人生总会遇到不同的选择和挫折。文学创作曾经像春风吹过沈从文的心，也将他的心冰封万里过。但总有灯火为黑暗带来光亮。

3. 十年一梦

　　埋藏在心间的种子沉睡着，不曾被风霜带走。天边不一般的景色时常打开回忆的匣子。匣子中是数不尽的纸张，上面勾勒着爱情。记忆中最美好的地方都藏在里面，曾经一封封的情书，里面低喃着三三。湘西的风土人情更加是淳朴和自然交错在一起的美，翠翠是心中抹不去的记忆，在那片土地上等待着一个人的归来。沈从文也在等待着心中最深处放不下的挚爱破土而出。

　　瑞雪画出了缤纷的美，却没能带走心中对小河的思念。从事文物工作，并没有让沈从文完全遗忘文学创作的事情，他心底总有一个声音在叫嚣着，对于文学创作敏感的神经，总是时不时在他心中荡起涟漪，那份涟漪提醒着他，曾经他那样挚爱过的一份事业已经看不见踪影了。每当一些同样从事文学创作，并且一直坚持文学创作的人来探望他时，那份莫名的情绪就变得更加浓厚，曾经那份美好的记忆翻来覆去地浮现在脑海中。这份感情在岁月的积淀下，反倒显得更加深沉，一根琴弦常常不经意间拨动他的心房。远方的桥还在，河水涨涨落落又恢复了原样，琴弦附和着流水声，等待着船归天明。

　　回忆里的伤痛还历历在目，被再次揭开的伤口已经没有了疤痕的印记。伤痛融合在心中，带来的改变是永恒的。书店寄信来说沈从文过去的文章没有什么价值的事情，还历历在目。沈从文也还记得1953年自己参加全国第二次艺术工作者代表大会时，与部分文学家、艺术家受到毛泽东等国家领导人的接见，沈从文记得毛主席在关心了自己现在的情况后，跟沈从文建议说："你还可以写点小说嘛。"当时，正是沈从文心灰意冷的时候，这样的鼓励沈从文也是一笑而过。现在想来，是沈从文一直没有从心底那种不安的状态中走出来。起初，本来以为自己可以埋葬那份文学情怀，不断地自我贬抑，并没有有任何成效。时间久了，沈从文才明白这份牵绊怎么能轻易丢去，他做不到。

1957 年，一个契机出现在了沈从文面前，沈从文动摇了许久的心终于再次看到了希望。这一年，国家实行新政策，对艺术、文学创作更加开放、鼓励。"百花齐放，百家争鸣"被提出来，文艺界受到鼓舞，有许多文学家、艺术家都投身于这股浪潮中。在此期间，人民文学出版社选编的《沈从文小说选集》出版前，书稿被送来让沈从文写题记。这是建国后，沈从文第一本要被出版的文学作品。沈从文感到欣慰，至少这意味着自己的作品还有意义。清泉流淌在心间，纯净的力量渲染着无边的色彩。

对于这本小说，在题记中，沈从文这样写道："当更大的社会变动来临，全国人民解放时，我这个和现社会要求脱节了的工作，自然难以为继，于是终于停顿下来了。一搁就是八年。由于工作岗位的改变，终日长年在万千种丝绸、陶瓷、漆、玉、工艺美术图案中转，新的业务学习，居多属于物质文化史问题，和对人民生产服务的需要，越深入越感觉知识不足。在这种情形下，我过去写的东西，在读者友好间还未忘记以前，我自己却几乎快要完全忘掉了。"

其中情感流露最深的那句话是："现在过去了 20 多年，我和我的读者，都共同将近老去了……"岁月的变迁是谁也无法阻挡的事情，发生的事情都没有人可以完全预料。故事走到尽头，才看得到当初每一章的情节，过往的光阴承载着未逝的感情，这份感情藏于心间，理不清，斩不断。

干涸的土地已经出现裂痕，淅淅沥沥的小雨飘下来。生命力顽强的野草冒出了小小的脑袋。被尘封已久的梦想突然得到鼓励，他这次终于不再犹豫。新政策再次给了沈从文希望，被否定的想法再次出现在脑海中，也许自己还是可以继续进行文学创作的，社会并没有完全否定自己的文学创作。沈从文想，接下来的日子，他可能会继续提笔重新开始写作，拥抱这位阔别已久的老朋友。可惜，这份好不容易被唤醒的热情，不久便被浇灭了。突如其来的政治风暴席卷而来，那本小说集也成了接下来近二十年沈从文出版了的唯一一本书。

虽然不能继续写作，沈从文也没有表达出什么，他始终从社会大方向来思考问题。比起整个社会发展，自己面对的事情都是小事。沈从文确实是对社会有着一颗博爱的心，将个人利益与喜好排在这之后。但他与文学的牵绊绝不止于此。现在，沈从文再次投身于文物研究中，他明白这也是新中国发展所需要的。从中，他也得到了心灵的充实，这种力量鼓舞着他前进。

1958 年，文艺界庆祝"反右"斗争胜利，部分文艺界人士受邀一起在饭店吃饭，共三十余人，沈从文也在被邀请之列。席间有人提出建议，由沈从文担任北京文联主席，马上被沈从文回绝，他声称自己是上不了台面的人，只能搞些文物研究。后来，这件事情便不了了之了。沈从文在人们心中，一直都是显赫一时的著名作家，地位一直不曾改变，但沈从文自己对此没有什么想法，也不曾再为自己挂上什么称谓。陋室的青苔不是为了装点，而是一切本来面貌就是如此。

　　沈从文与文学之后的情缘是在1961年，在"左"倾和"浮夸风"的影响下，社会经济出现大幅下滑。关于"百花齐放，百家争鸣"的方针被重新提起，文艺界再次刮起一阵热潮，希望在文艺发展的整体方面有所进步。沈从文看到这种大趋势的号召，再次想到投身其中，希望在重新开始文学创作的同时，为社会带来积极影响。

　　在1961年，沈从文在领导安排下，与其余一些作家和艺术家前往井冈山。此行的目的是为了让文艺界的人士一边观察生活，一边进行创作。从北京出发的，加上沈从文共九人。对沈从文而言，这是久违的感觉，十分轻松。像他青年时数次从一个地方到另一个地方，那份好奇心始终不减，路上的景象让沈从文十分开怀。似乎看到了新的生活，这份生活是他许久不曾接触到的，和同样有思想的学者在一起，必然是件有意思的事情，沈从文初步打算在井冈山住两年，了解当地风俗文化，静下心来创作，生活。

　　刚到了井冈山，沈从文一行便被邀请参加知识青年上山下乡建设山区四周年的纪念日大会。正好赶上的活动，让沈从文瞬间被热情的气氛包围，由于沈从文在其中年龄较大，又属于比较有资历的作家，便被推为大会主席。这对沈从文而言还是第一次，沈从文感到十分意外与新奇。沈从文在大会上发表致辞，并且还当众朗诵了一首诗。

　　当年的山村有了翻天覆地的变化，原来的小村子现在是新的建筑物，拔地而起地高楼磨灭了之前的印记。四周的植被与花草也有了不一样的风味。新时代的变化十分明显，不得不去正视，这是好的社会发展趋势。看着这儿优美的风景，更加激发了沈从文心中的创作欲望。此次，沈从文来井冈山，预计完成一本长篇小说，主要写一位共产党员二三十年来的生命历程。从反抗旧式思想到全身心投入革命，表达现在社会需要的一些东西。这像是一份职责，在沈从文心中。来到曾经的革命根据地，是为了更加深刻地捕捉到这种感觉，沈从文想要从这儿看到一些旧时的东西，他想要看到曾经在这里的那股热血和英勇。

还没来得及多欣赏这儿的面貌，天空中便飘起了雪。雪落在枝头再缓缓飘下，像落花时节的景色，一派迷人景象。堆积在路上的积雪不厚，但也已经盖住了道路。看向远方，沈从文想到自己在北平经历过的雪。不论大小，都十分寒冷，最先开始写作时，似乎每个雪夜都冻得整个人在发抖。过去的事情现在想来也不觉得有多辛苦，只是一笑而过。

窗上的冰花为屋子里增添了一分美，温暖的时光伴着冰天雪地的美景。心的洁净交织着伤痛的回忆，没有什么放不下的了。无论是否写作，现在这个梦十分真实地萦绕在心间。随时可以进行写作，这样的事情曾经几乎奢侈得看不见影踪。

几天后，沈从文就意识到这里和他想象中的还是十分不同的。同行的作家也都有意识到了这一点。每个人都有预期的写作计划，可现在都只能搁置。除了跟随团队进行井冈山的常规观察活动外，大家都聚在一起打牌与跳舞。沈从文两样都不会，便在一旁看热闹。这样的生活不至于让心情糟糕，却浪费了许多时间。环境的清苦不适合创作，大家心里都懂，不过也都不讲出来。来到这里却在玩乐，但除此之外又能做什么呢？

每日看热闹也不是办法，沈从文无法开始写作，便找来毛笔决定写诗，他打算写旧体诗，这样的诗沈从文也是几十年没有写过了。每到一个地方，沈从文便用文字，来记录自己的所见所感。

笔尖划过纸张，染上墨的颜色，添一份诗意。虽然只是写诗，却是沈从文这么多年来真正的文学创作了。

接触到井冈山中的人和物，那份感觉却让他叹息。十年间，这里添了许多设施，原先的村子只有二十几户人，现在人来人往，却已经不是原来的人了。景变了，人变了，感觉回不来了。原先是充满战士英勇的气息，旧时军人为国为民的一腔热血，早已不见了踪影。沈从文感到十分惋惜。他所想要探索的都消失不见了，时代的变迁赶走了旧的影子。沈从文觉得这些地方给不了他抗战时的那种热血沸腾的感情。他曾无数次在街边与各式各样的劳动人民交流，沈从文喜欢这样真挚的交流，从生活在这儿的人了解这个地方，是另一番感觉，有时会感觉比自己看到的更加真实。沈从文怀念这样的时光，云在头顶飘过，静静地坐着，喝杯茶，聊着过往的故事。可现在的人们不知为何变了，在他们眼中，自己成了上面来的人，自己无法与他们进行真挚的交流。

对于这个地方的认识，大概也只能停留在表象中了，握起的笔终于还是再次放下了。

12月，沈从文与同伴一同下山，离开了井冈山。文学梦又告一段落，不断被拾起又放下的文学缠绕在心间，割不断的情丝拉扯着，终是找不到出口。

十多年来，这个梦不时在夜晚出现，有一天自己终于握住了笔杆，不顾一切地写下自己内心的独白，没有任何声音出来阻止这一切。卡在咽喉已久的压抑终于被释放，他笑了出来。可这只是一个梦。很快，梦醒了，枕边落下两行清泪。在经历过无数个失眠的夜晚，才逐渐在黑夜中睡着。这样的梦只能是梦。后来希望出现在了眼前，他犹豫了，又渴望着。那份希望却越来越淡，他依旧报以微笑，没有实现的梦，却能更好地拥抱那份美好。

后来，终于如愿，拖着梦一路来到了可以实现梦的地方。依稀间记得怀着希望，写了一些诗，看了一场雪，做了一个梦。

4. 一个时代的永恒记忆

时间不停歇地加速前进着，在斑斓的光亮中寻觅着，灿烂的烟火在黑夜的怀抱中迷失。

回头望去，走过的风景已经又有了新的模样，无法忘怀的是旧时的风吹过的那片风景。

天一样的蓝，只是时间变了，风景永远还是过去的好。

最美的情诗在耳畔响起，动人的歌声叩着心房。行过的桥，看过的云不知道是否依旧在心间留存。

看过许多美景，也历经无数苦难，这一生，如何能用匮乏的文字形容真切。再生动的描写，也抵不过那些年来沈从文所经历过的每一瞬。

沈从文离开井冈山后，继续投入文物研究方面的工作。文学创作未能重新开始，沈从文牵挂着接下来要研究的课题，便再次回到北京。

这次回来，是喜也是忧。

北平的雪更加让沈从文有亲切感，洒在衣服上，让他感觉贴近了曾经那些年在这里的岁月。从青年到老年，这座城市留下太多东西了，也注定今后的离去也会在这儿。

刚回到北平，沈从文照旧一股脑地钻进文物研究工作中。这像是无止境的一条路，沈从文研得越深入，对这些就越是感兴趣。

认真负责的态度是沈从文一直坚持的，也被大家一一看在眼中。

雪化了，风渐渐暖起来了，又是一年的轮回。一样的风景总是伴随着不同的感触，这座古城始终以平静的姿态屹立不倒。

1963 年，周恩来总理在人民大会堂的一次会议上为沈从文带来了新的课题。

在会议中提及文化建设方面的问题时，周恩来提出在外国访问时经常会参观蜡像馆与服装博物馆这样的文化设施，但中国却没有服装博物馆，也没有服装史的相关书籍。

对于中华民族而言，这未免不合适。中国传统文化博大精深，却没有研究服装文化领域的书籍。这是文化方面的落后。

经推荐，决定由沈从文来组织编写这本书，沈从文听到后，表示十分乐意。只是谁也没想到这本书会在十多年间历经波折，多次遭到扼杀。

接到这个任务后，沈从文为首的相关工作人员便开始进行各项工作。

沈从文主要提供一些实物资料，来让大家绘制图片，同时也担任稿件的撰写及编辑工作。

这份工作进展速度十分快。冰雪融化，春暖花开的时候初稿便已经完成。这部初稿虽然完成迅速，但也是高质量作品。共计二十多万字，两百多幅主图。书中从专业的角度，对中国服装发展历程进行介绍和剖析。

书稿完成是十分值得兴奋的事情，一年来的心血终于没有白费。沈从文感觉自己又为国家民族做了一件有意义的事情。这让他从心底感到无比骄傲。传统建筑上的琉璃在阳光下映衬出彩色的光，地面上的倒影像是艺术品。流走的是心间的明媚，飘向远方，温暖了整个夏天。

春天是明亮的季节，带着希望。但是，这本在春天结稿的服饰史，却遇到了寒冬，漫长又难熬的日子降临了。

一场轰轰烈烈的文化运动，影响了整个时代的发展脉络，沈从文不可避免地遭受了苦难的洗礼。他成了最先被批斗下放的一批知识分子。沈从文知道自己一直在为国家为民族做事情，可是没有想到最终还是要遭受这场苦难。

对于沈从文的罪名，可以被安在他身上的实在太多。内战时期沈从文写的文章已经足以许多罪名来批斗他。

沈从文第一个罪名也的确是因为那时反对内战，劝说作家不参与革命而来的。与沈从文同样遭遇的还有那本服装史，全名叫做《中国古代服饰研究》，这本书被批判为"鼓吹帝王将相，提倡才子佳人"。

对于突如其来的社会变革，除了惶恐和无奈又有什么其他事情可做呢？只是这一次沈从文非常清楚地知道自己没有错。

阴云密布的天空密密麻麻地下起了小雨，泥泞的道路上布满了脚印。人来人往的小路，大家都悄无声息的，因为都在同一片阴云下，又有谁能救得了谁。

十年间，沈从文经受了身体与精神的双重折磨，这对于已经晚年的沈从文而言，是难以跨越的苦难。无论沈从文是否看开了这些苦难，但对一位老人而言，这都是煎熬的事情。在这种情况下，沈从文的身体和心灵，都非常的疲惫。

1970 年，沈从文终于撑不住倒下了，他被送往医院。由于身体和精神都受到恶劣环境的影响，最终诱发了曾经就有的心血管疾病。紧接着 1971 年冬，沈从文身体状况更加恶劣，心脏供血不足，生活基本上已经无法自理，日常行动都需要有人帮助。半年后，沈从文终于得以和张兆和一同返回北京。

在北京的生活也不如从前，十分艰难。病痛的折磨和心灵的空虚，没有什么能够带给沈从文慰藉。

1974 年，沈从文收到了当年那本服饰史的书稿，原因是这本书没有机会出版，以后也不大会有希望出版。沈从文听到这些，十分平静。有许多人为沈从文抱不平，很早以前沈从文就不再为这种事情而伤神，现在更加不会。或许是沈从文早已明白冥冥中，这本书最后自然会有它的归宿。

1976 年的一天，是举国上下都痛哭流涕的一天。这一天，伟大的总理周恩来去世了。

一直致力于为人民服务的总理就这样离开了，北京那天下着小雨，好像天都在为此哀鸣。十里长街的壮阔景象难得一见，每个人脸上都充满了悲伤的神情。

沈从文心中也十分难过，对于总理，他一直怀揣敬佩之情。沈从文一直紧闭着双唇不说话，用沉默来诠释自己的伤痛。他手握着一张特殊通知，前往医院向总理的遗体做最后的告别。

也正是这一年，这场文化运动终于结束了。苦难的日子不会再来到，想到这里，沈从文就十分开心。终于可以正常地生活和工作了。

沈从文继续在中国历史博物馆任文物研究员，直到 1978 年，上面考虑到沈从文的工作环境和身体状况等因素，将沈从文调往环境更好的中国社会科学院研究所任研究员。沈从文再次回归到自己喜欢的文物行业，正常地做着工作。

　　阴霾总会被阳光赶跑，雨后的清新伴着彩虹，成为一道亮丽的风景线。跨越十多年历史的《中国古代服饰研究》，终于等到了新的暖春。周恩来总理生前提议过这本书的编写工作，沈从文想要尽快完成，让总理多一份安慰。

　　1979 年 1 月，这本书终于修订增补完成，沈从文感觉轻松了许多。

　　《中国古代服饰研究》编写增订完成后，便有许多国内外出版社想要争相出版这本书，沈从文只提出要求说由中国的出版社来出版。这本历时十多年的书，终于在 1981 年由商务印书馆出版，印刷与设计都十分精美。

　　1980 年，沈从文赴美演讲，张兆和陪同前往，还见到了定居美国的傅汉思、张充和夫妇。沈从文主要在名校进行演讲，沈从文言简意赅的话语让人印象深刻。这次访美之旅带给沈从文新的体验。不久后，他们飞回了北京。

　　1985 年 12 月 19 日，《光明日报》在头版头条发表了对沈从文的专访《坚实地站在中华大地上——访著名老作家沈从文》，用来纪念沈从文从事文学创作与文物研究六十周年。

　　时间过得飞快，沈从文也迎来了生命的最后一段历程。欢喜与悲伤交加的数年，最后都化为了平静的一江春水，流淌在心间。

　　沈从文人生接近尾声时，迎来了一份极大的荣誉，只可惜沈从文脚步太过匆忙，最后无缘这份荣誉。

　　沈从文于 1987 和 1988 年入围诺贝尔文学奖。

　　1988 年，沈从文没有再多等一段时日，就离开了这个世界。一代大师就这样平静地逝去。留给人们的是湘西江水旁的美景，那儿是边城，那儿有翠翠。

美丽的诗背后一定有特别的诗人，回顾沈从文的一生，是传奇的一生，也是磨难的一生。

从踏出湘西到成功成为文坛上的大师，他用了近十年时间。熬过困窘的日子，用一份坚持走了下来。在寒冬中，发着霉的房间中看书、写作。冬天只是穿着一件单衣，除了看书就是写作，枯燥的日子，沈从文有自己的那份乐趣。

成名之后，沈从文多次公开批判自己不满意的国民党政策，也批评左翼文学家。在当时的社会背景之下，沈从文敢这样做是十分不容易的事情。不参与政党斗争，却揭露对社会无益的政策。

在战争期间，沈从文也始终做着自己认为对的事情，看似与社会主流不和，却是站在更高的角度来看待一切。无论对错，他从来都是为了民族和国家。

解放后，由于沈从文曾经在战争期间表达的看法与大家不相一致，又曾经多次批判左翼文学阵营，所以遭到左翼文学阵营的强烈批判。此后，文学创作带给他的打击已经无法让他重新拿起笔来。正好此时新的方向出现在了他面前，他转向文物研究，对简单的工作也兢兢业业，最终在该领域取得了重大成就。

沈从文在创作与文物研究期间，都无不例外地表现了他内心最深处的部分。他坚毅，对于梦想的追求十分简单与纯粹，正义、善良、做事认真，有强烈的民族责任感。他将自己看作普通人，他不觉得自己有什么特别之处，他只觉得人生就是如此。同样，就是包含着这样一颗心的身躯遭受到了许多磨难，曾经试图自杀，那是怎样看不到希望的绝境！但是他都走过来了，不管怎么样，过往的事情真正过去后便不再痛苦了。

　　这颗无比纯洁的心灵，最深处的牵挂还是曾经的湘西，那片土地上承载着太多东西。

　　悠悠的湘水是最美的流水，山间的清泉是不能忘记的纯净。也许是因为那儿是故乡，也许是因为那儿有过沈从文最无忧无虑的时光。

　　湘西两个字对沈从文就是最亲切的呼唤。

　　如果有一天，遗忘了一切，湘西还是一切执着的源头。

　　如果有一天悄然离去，湘西便是归宿。

　　最后，沈从文也如愿永远地留在了这片土地，不再与这片他时常想念的故土分割开来。

　　梦终于到了尽头，可以开始另一段温暖和美好的时光。恍惚间，他终于走到了湘西，微笑着向世人告别。

　　一转身，融入了湘水的怀抱，留下了永恒的记忆。若想找到他，就去边城的青山绿水中，他就在那儿漫步。

后记

搁笔之处，是无尽的深思与怀想。那还未走远的民国，带着刚刚转身的温度，为我们演绎了一段动人的传奇。

这位才华横溢的大师，在动荡的时代，燃烧着思想的火焰，照亮一片天空。

当文字撬动历史的记忆，一幕幕往事，在寂静中复苏。这是属于一代大师沈从文的人生旅途。

人们知晓的，是大师的盛名，而抛却浮华光影，是一步步扎实的人生。

这个从古老的湘西走出来的将门之子，这个独自离家投身行伍的瘦弱少年，这个坚强执着为了梦想敢于孤身闯北平的文艺青年，这个为了爱而甘愿低到尘埃里，为爱写下那些动人文字的男人，这个一生赤诚，对家乡和祖国都有着无限热忱和希望的作家，这个屡屡遭受挫折和误解，一生吃尽苦头仍对人悲悯的乡下人，沈从文，他的一生就像一部传奇，给我们后人留下了太多太多的美好和启示。

他出生将军世家，却在文学的世界里燃起了一盏理想的明灯。他本可以有着遂顺的生活，却在曲折里领悟人生。他是内敛的书呆子，却高举着自由的诗歌，追逐浪漫的爱情……

历史的那一段时空，织就了大师的传奇，他是中国现代文学史上最动人的一支笔，是永远的凤凰之子，也是我们永远怀念的水边诗人。